Rock'n'Roll

ISBN 0-634-05056-7

HAL•LEONARD®
CORPORATION
7777 W. BLUEMOUND RD. P.O. BOX 13819 MILWAUKEE, WI 53213

Visit Hal Leonard Online at
www.halleonard.com

51673168

Contents

All Shook Up

Words and Music by
Otis Blackwell and Elvis Presley

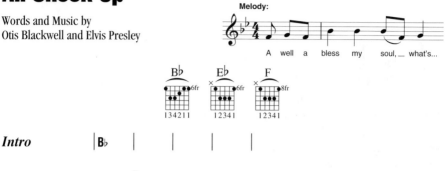

Intro |Bb | | | |

Verse 1

         Bb
A well a bless my soul, what's wrong with me?

I'm itching like a man on a fuzzy tree.

My friends say I'm actin' wild as a bug.

         N.C.
I'm in love.

I'm all shook up!

  Eb   **F**   **Bb**
Mm, mm, ooh, ooh, yeah,__ yeah, yeah!

Verse 2

       Bb
My hands are shaky and my knees are weak

I can't seem to stand on my own two feet.

Who do you thank when you have such luck?

         N.C.
I'm in love.

I'm all shook up!

  Eb   **F**   **Bb**
Mm, mm, ooh, ooh, yeah,__ yeah, yeah!

Bridge 1

         E♭
Well, please___ don't ask me what's a on my mind,

        B♭
I'm a little mixed up but I feel fine.

        E♭
When I'm near that girl that I love best,

      F   **N.C.**
My heart beats so it scares me to death!

Verse 3

        B♭
She touched___ my hand, what a chill I got.

Her kisses are like a volcano that's hot!

I'm proud to say that she's my buttercup.

      N.C.
I'm in love.

I'm all shook up!

    E♭   **F**   **B♭**
Mm, mm, ooh, ooh, yeah,___ yeah, yeah!

Bridge 2

Eb
My tongue gets tied when I try to speak,

Bb
My insides shake like a leaf on a tree.

Eb
There's only one cure for this soul of mine,

F   N.C.
That's to have the girl that I love so fine!

Verse 4

Bb
She touched__ my hand, what a chill I got.

Her kisses are like a volcano that's hot!

I'm proud to say that she's my buttercup.

N.C.
I'm in love.

I'm all shook up!

Eb   F   Bb
Mm, mm, ooh, ooh, yeah,__ yeah, yeah!

Eb   F   Bb
Mm, mm, ooh, ooh, yeah,__ yeah,

I'm all shook up!

Along Comes Mary

Words and Music by Tandyn Almer

Melody:

Ev - 'ry time I think that I'm __ the on - ly one who's...

Am D Bm/A D/A E A E7 G

B F#m G/A A7 Dm Em7 F

Intro

|Am | |D | | |

|Am   Bm/A| |Am   Bm/A| | |

Verse 1

    Am   D/A
Ev'ry time I think that I'm the on - ly one who's lonely,

        Am7   D/A
Someone__ calls on me.

      Am   D/A
And ev'ry now and then I spend my time__ in rhyme

                      Am   D/A
And verse and curse those__ faults in me.

           E   A   E7
And then a-long comes Mary,

A   E   A
    And does she want to give me kicks, and be my steady

E7   A   E   A   D   G
Chick and give me pick of memo-ries?

B   E   B
    Or maybe rather gather tales

        E   B   E   F#m G/A A7
Of all the fails and tribu-lations no one ever sees?

Chorus 1

       Dm   **Em7 F**
When we met, I was sure___ out___ to lunch.

       Dm   **D**
Now my empty cup tastes as sweet as the punch.

Interlude 1 |**Am**   **Bm/A**| |**Am**   **Bm/A**| |

Verse 2

               Am   **D/A**
When vague de-sire is the fire in the eyes___ of chicks

            Am   **D/A**
Whose sickness is the___ games they play,

          Am   **D/A**
And when the masquerade is played, the neighbor folks

              Am   **D/A**
Make jokes at who is most to___ blame today.

        E   **A**   **E7**
And then a-long comes Mary,

A   **E**
  And does she want to set them free,

A   **E7**   **A**   **E**   **A**   **D**   **G**
And let them see re-ality from where she got her name?

B   **E**   **B**
  Then will they struggle much when told

        E   **B**   **E**   **F#m G/A A7**
That such a tender touch as hers will make them not the same?

Chorus 2   *Repeat Chorus 1*

Interlude 2 |**Am** | |**D** | |

                |**Am**   **Bm/A**| |**Am**   **Bm/A**| |

Verse 3

        Am
And when the morning of the warning's passed,

        D/A   **Am**   **D/A**
The gassed____ and flacid kids are flung a - cross the stars.

        Am
The psycho-dramas and the traumas gone,

        D/A   **Am**   **D/A**
The songs____ are left unsung and hung up - on the scars.

        E   **A**   **E7**
And then a-long comes Mary.

A   **E**
  And does she want to see the stains,

A   **E7**   **A**   **E** **A** **D** **G**
The dead remains of all the pains she left the night be-fore?

B   **E**   **B**
  Or will their waking eyes reflect__ the lies,

       E   **B**   **E**   **F#m**   **G/A** **A7**
And make them rea-lize their urgent cry for sight no more?

        Dm   **Em7** **F**

Chorus 3   When we met, I was sure__ out__ to lunch.

        Dm   **D**   **Am** **Bm/A**
Now my empty cup tastes as sweet as the punch.

        Am   **Bm/A**
Sweet as the punch.

        Am   **Bm/A**
Sweet as the punch.

        Am   **Bm/A**
Sweet as the punch.

Am
Sweet as the punch.

At the Hop

Words and Music by Arthur Singer,
John Madara and David White

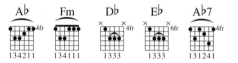

Intro |A♭ | | | |

A♭
Ba, ba, ba, ba.

Fm
Ba, ba, ba, ba.

D♭
Ba, ba, ba, ba.

E♭
Ba, ba, ba, ba.

       A♭
At the hop.

          A♭
Verse 1   Well, you can rock it, you can roll it,

Do the stomp and even stroll it at the hop.

      D♭
When the records start a spinnin'

               A♭
You calypso and you chicken at the hop.

    E♭   **D♭**   **A♭**
Do the dance sensations that are sweepin' the nation at the hop.

Chorus 1

A♭
Let's go to the hop!

A♭7
Let's go to the hop!   (Oh, baby.)

D♭
Let's go to the hop!(Oh, baby.)

A♭
Let's go to the hop!

E♭   D♭ A♭
Come on, let's go to the hop!

Verse 2

A♭
Well, you can swing it, you can groove it,

You can really start to move it at the hop.

D♭
Where the jockey is the smoothest

A♭
And the music is the coolest at the hop.

E♭   D♭   A♭
All the cats and the chicks can get their kicks at the hop.

Chorus 2	*Repeat Chorus 1*					

Piano Solo

A♭					A♭7	
D♭			A♭			
E♭		D♭		A♭		

Verse 3   *Repeat Verse 1*

Verse 4   *Repeat Verse 2*

Chorus 3   *Repeat Chorus 1*

Outro

A♭
Ba, ba, ba, ba.

Fm
Ba, ba, ba, ba.

D♭
Ba, ba, ba, ba.

E♭
Ba, ba, ba, ba.

    A♭
At the hop.

Bread and Butter

Words and Music by Larry Parks and Jay Turnbow

Melody:

I like bread and but - ter,...

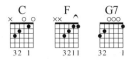

Intro

‖: C   F |C   F   :‖   *Repeat 3 times*

|C   G7 |C |

Verse 1

C F   C F
I like bread and butter,

C F   C F
I like toast and jam.

C   F C F
That's what my baby feeds me.

C   F   C
I'm her lovin' man.

        F   C   F
He likes bread and butter,

C   F   C F
He likes toast and jam.

C   F C   F
That's what his baby feeds him.

C   G7 C
He's her lovin' man.

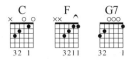

Verse 2

    C   F   C   F
She don't cook mashed po - tatoes,

C   F   C   F
Don't cook T-bone steak.

C   F   C   F
Don't feed me peanut butter,

C   F   C
She knows that I can't take.

            F   C   F
He likes bread and butter,

C   F   C   F
He likes toast and jam.

C   F   C   F
That's what his baby feeds him.

C   G7   C
He's her lovin' man.

Verse 3

    C   F   C   F
Got home early one mornin',

C   F   C   F
Much to my sur-prise,

C   F   C   F
She was eating chicken and dumplings

C   F   C
With some other guy.

            F   C   F
No more bread and butter,

C   F   C   F
No more toast and jam,

C   F   C   F
I found my baby eatin'

C   G7   C
With some other man.

Verse 4

```
C       F      C      F
No more bread and butter,

C       F      C    F
No more toast and jam,

C       F   C    F
I found my baby eatin'

C       F   C
With some other man.

        F      C    F
No more bread and butter,

C       F      C    F
No more toast and jam.

C          F   C    F
He found his baby eatin'

C          G7   C
With some other man.
```

Barbara Ann

Words and Music by Fred Fassert

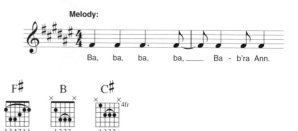

Melody:

Ba, ba, ba, ba, ___ Ba - b'ra Ann.

F#   B   C#

134211 1333 1333

Chorus 1

N.C.
(Ba, ba, ba, ba, Ba'bra Ann.

Ba, ba, ba, ba, Ba'bra Ann.)

F#   B
Ba'bra Ann, take my hand.

F#   C#
Ba'bra Ann, you got me rockin' and a rollin',

B   F#
Rock - in' and a reelin', Ba'bra Ann,

Ba, ba, ba, Ba'bra Ann.

Verse 1

F#
Went to a dance, lookin' for romance,

Saw Ba'bra Ann, so I thought I'd take a chance.

B
Oh, Ba'bra Ann, Ba'bra Ann, take my hand.

F#
Oh, Ba'bra Ann, Ba'bra Ann, take my hand.

C#
You got me rockin' and a rollin',

B   F#
Rock - in' and a reelin', Ba'bra Ann,

Ba, ba, ba, Ba'bra Ann.

Chorus 2   *Repeat Chorus 1*

Verse 2

    F♯
Played my fav'rite tune, danced with Betty Lou,

Tried Peggy Sue, but I knew they wouldn't do.

       B
Oh, Ba'bra Ann, Ba'bra Ann, take my hand.

       F♯
Oh, Ba'bra Ann, Ba'bra Ann, take my hand.

       C♯
You got me rockin' and a rollin',

   B   **F♯**
Rock - in' and a reelin', Ba'bra Ann,

Ba, ba, ba, Ba'bra Ann.

Chorus 3   *Repeat Chorus 1*

Be-Bop-a-Lula

Words and Music by Tex Davis and Gene Vincent

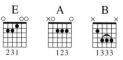

Chorus 1

      E

Well, Be-Bop-a-Lula, she's my baby.

Be-Bop-a-Lula, I don't mean maybe.

A

  Be-Bop-a-Lula, she's my baby.

E

  Be-Bop-a-Lula, I don't mean maybe.

B   **A**   **E**

  Be-Bop-a-Lula, she - e - 's my baby doll,

My baby doll, my baby doll.

Verse 1

      E

Well, she's the girl in the red blue jeans.

Ah, she's the queen of all the teens.

Ah, she's the woman that I know.

Ah, she's the woman that loves me so, say.

Chorus 2

A
  Be-Bop-a-Lula, she's my baby.

E
  Be-Bop-a-Lula, I don't mean maybe.

B   A   E
  Be-Bop-a-Lula, she - e - 's my baby doll,

My baby doll, my baby doll. Let's rock!

Solo 1

E					
A			E		
B	A	E			

Verse 2

           E
Well, now she's the one that's got that beat.

She's the one with the flyin' feet.

She's the one that walks around the store.

She's the one that gets more and more.

Chorus 3   *Repeat Chorus 2*

Solo 2   *Repeat Solo 1*

Chorus 4

         E
Well, Be - Bop-a-Lula, she's my baby.

Be-Bop-a-Lula, I don't mean maybe.

A
  Be-Bop-a-Lula, she's my baby.

E
  Be-Bop-a-Lula, I don't mean maybe.

B   A   E
  Be-Bop-a-Lula, she - e - 's my baby doll,

My baby doll, my baby doll.

Blue Suede Shoes

Words and Music by Carl Lee Perkins

Melody:

Well, it's one for the mon-ey,...

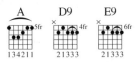

A   D9   E9

134211   21333   21333

Verse 1

            A **N.C.** **A**
Well, it's one for the money, two for the show,

   N.C.   **A**
Three to get ready, now go, cat, go,

   D9   **A**
But don't__ you step on my blue suede shoes.

     E9   **A**
Well, you can do anything but lay off of my blue suede shoes.

Verse 2

        A **N.C.** **A** **N.C.** **A**
Well, you can knock me down, step on my face,

    N.C. **A** **N.C.** **A**
Slander my name all over the place.

    N.C.   **A**   **N.C. A**
Well, do any - thing __ that you wanna do,

   N.C.   **A**
But uh-uh, honey, lay off__ of them shoes

    D9   **A**
And don't__ you step on my blue suede shoes.

     E9   **A**
Well, you can do anything but lay off of my blue suede shoes.

Let's go cats!

Solo 1	**A**							
	D9		**A**					
	E9		**A**					

A   N.C.   A   N.C.   A

Verse 3 Well, you can burn my house,   steal my car,

N.C.   A   N.C.   A

Drink my li-quor from an old fruit jar.

N.C.   A   N.C.   A

Well, do any-thing that you wan-na do,

N.C.   A

But uh-uh, honey, lay off__ of them shoes

D9   A

And don't__ you step on my blue suede shoes.

E9   A

Well, you can do anything but lay off of my blue suede shoes.

Rock it!

Solo 2 *Repeat Solo 1*

Verse 4 *Repeat Verse 1*

A

Outro Well, it's   blue, blue, blue suede shoes,

Blue, blue, blue suede shoes, yeah.

D9

Blue, blue, blue suede shoes, baby.

A

Blue, blue, blue suede shoes.

E9   A

Well, you can do anything but lay off of my blue suede shoes.

Bo Diddley

Words and Music by Ellas McDaniel

Melody:

Bo   Did - dle - y   buys...

(Capo 3rd fret)

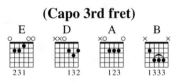

E   D   A   B

Intro	‖: E	:‖ *Play 4 times*

Verse 1

    E
Bo Diddley buys baby a diamond ring.

If that diamond ring don't shine,

He's gonna take it to a private eye.

If that private eye can't see,

He better not take that ring from me.

Solo 1

|E |D |E |D |
|E | | | | | | |

	E
Verse 2	Bo__ Diddley caught a nanny goat

To make his pretty baby a Sunday coat.

Bo Diddley caught a bearcat,

To make his pretty baby a Sunday hat.

Solo 2

```
|E        |          |          |          |          |
|         |          |          |          |          |
|A        |          |E         |          |          |
|A        |   B A    |E         |          |          |
|         |          |          |          |          |
|         |          |          |D         |          |
|E        |          |          |D         |          |
|E        |          |          |          |          |
```

	E
Verse 3	Won't cha come to my house a black cat bone;

I take my baby away from home.

Cover that mojo an' where's he been?

Up yo' house 'n' gone again.

Bo Diddley, Bo Diddley, have you heard

My purty baby that she was murdered?

Solo 3   ‖: E | :‖   ***Repeat and fade***

Book of Love

Words and Music by Warren Davis,
George Malone and Charles Patrick

Melody:

Tell me, tell me, tell me,...

Bb   Eb   Gm   Cm7   F
134211 1333 134111 13121 134211

Intro | Bb | | Eb | | Bb | | |

Verse 1

Bb   Gm
Tell me, tell me, tell me,

  Cm7   F
Oh, who wrote the book of love?

  Bb   Gm
I've got to know the answer.

   Cm7   F
Was it someone from a-bove?

 Bb N.C.   Eb N.C.
I won-der, wonder who, who,

        Bb
Who wrote the book of love?

Verse 2

Bb   Gm
I love you, darling,

Cm7   F
Baby, you know I do.

  Bb   Gm
But I've got to see this book of love,

Cm7   F
Find out why it's true.

 Bb N.C.   Eb N.C.
I won-der, wonder who, who,

      Bb
Who wrote the book of love?

E♭
Chapter one says to love her,

   B♭
To love her with all your heart.

E♭
Chapter two you tell her

     F
You're never, never, never, never ever gonna part.

  B♭
In chapter three remember

   E♭   **F**
The meaning of ro-mance.

  B♭
In chapter four you break up,

    E♭   **F**
But you give her just one more chance.

    B♭ **N.C.**   **E♭** **N.C.**
Oh, I won-der, wonder who, who,

              B♭
Who wrote the book of love?

B♭   **Gm**
Verse 3 Baby, baby, baby,

 Cm7   **F**
I love you, yes, I do.

    B♭   **Gm**
Well, it says so in this book of love,

Cm7   **F**
Ours is the one that's true.

    B♭ **N.C.**   **E♭** **N.C.**
I won-der, wonder who, who,

              B♭
Who wrote the book of love?

Breaking Up Is Hard to Do

Words and Music by
Howard Greenfield and Neil Sedaka

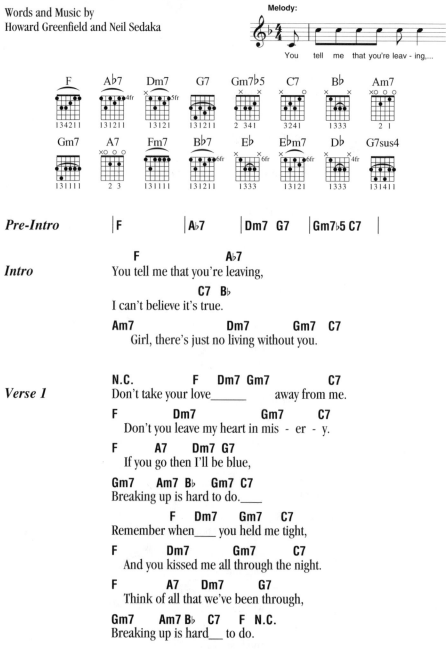

Melody:

You tell me that you're leav - ing,...

F   Ab7   Dm7   G7   Gm7b5   C7   Bb   Am7
Gm7   A7   Fm7   Bb7   Eb   Ebm7   Db   G7sus4

Pre-Intro | F | Ab7 | Dm7 G7 | Gm7b5 C7 |

Intro
           F   Ab7
You tell me that you're leaving,

             C7 Bb
I can't believe it's true.

Am7   Dm7   Gm7 C7
   Girl, there's just no living without you.

Verse 1
N.C.   F Dm7 Gm7   C7
Don't take your love_____   away from me.

F   Dm7   Gm7   C7
   Don't you leave my heart in mis - er - y.

F   A7   Dm7 G7
   If you go then I'll be blue,

Gm7   Am7 Bb Gm7 C7
Breaking up is hard to do.___

         F Dm7   Gm7   C7
Remember when____ you held me tight,

F   Dm7   Gm7   C7
   And you kissed me all through the night.

F   A7   Dm7   G7
   Think of all that we've been through,

Gm7   Am7 Bb C7   F N.C.
Breaking up is hard__ to do.

Bridge

                       Fm7 Bb7 Fm7   Bb7
They say that breaking up__ is__ hard to do.

Eb   **Ab7**
Now I know, I know that it's true.

Ebm7   **Ab7**   **Eb7**   **Ab7**
Don't say that this is the end.

Db
Instead of breaking up,

        C7
I wish that we were making up again,

Db7   **C7**
We were making up again.

Verse 2

N.C.   **F** **Dm7**   **Gm7**   **C7**
I beg of you,___ don't___ say___ good-bye.

F   **Dm7**   **G7sus4**   **C7**
Can't we give our love___ a brand new try?

      F   **A7** **Dm7**   **Gm7**
Yeah,__ come on, babe,   let's start a-new,

         Am7 Bb   **C7**   **F**
'Cause breaking up is hard to do.__

Bye Bye Love

Words and Music by
Felice Bryant and Boudleaux Bryant

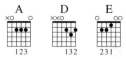

A	D	E
1 2 3	1 3 2	2 3 1

Intro |A | | D |A |

Chorus 1

D   A
Bye bye, love.

D   A
Bye bye, happiness.

D   A
  Hello loneliness.

         E   A
I think I'm gonna cry.

D   A
Bye bye, love.

D   A
Bye bye, sweet caress.

D   A
  Hello emptiness.

         E   A
I feel like I could die.

         E   A
Bye bye, my love, good-bye.

Verse 1

N.C.   E
There goes my baby

A
With someone new.

E
She sure looks happy,

A
I sure am blue.

D
She was my baby

E
Till he stepped in.

Goodbye to romance

A
That might have been.

Chorus 2

Repeat Chorus 1

Verse 2

E
I'm through with romance,

A
I'm through with love.

E
I'm through with counting

A
The stars a-bove.

D
And here's the reason

E
That I'm so free,

My loving baby

A
Is through with me.

Chorus 3

   D   A
Bye bye, love.

   D   A
Bye bye, happiness.

   D   A
   Hello loneliness.

         E   A
I think I'm gonna cry.

   D   A
Bye bye, love.

   D   A
Bye bye, sweet caress.

   D   A
   Hello emptiness.

        E   A
I feel like I could die.

        E   A
‖: Bye bye, __ my love, good-bye. :‖   *Repeat and fade*

Crying

Words and Music by
Roy Orbison and Joe Melson

D   D+   G   Gm   A7   F#m   Bm   A

Intro | D | | |

Verse 1
         D
I was al-right for a while;

I could smile for a while,

But I saw you last night;

      D+
You held my hand so tight,

    G   **N.C.**   **Gm**
As you stopped to say, "Hel-lo."

   D
Oh, you wished me well;

   A7
You__ couldn't tell

	D **F♯m**
Chorus 1	That I'd been crying over you.

D   **F♯m**
Crying over you.

    G   **A7**
When you said, "So long;"

     G   **A7**
Left me standing all alone,

     D
Alone and crying,

D+   **G**   **Gm**
Crying, crying, crying.

     D
It's hard to understand,

  A7
But the touch of your hand

     D
Can start me crying.

       D
Verse 2   I thought that I__ was over you,

But it's true, so true.

               D+
I love you even more than I did before.

  G **N.C.**   **Gm**
But dar-ling, what can I do?

   D
For you don't love me

  A7
And I'll always be

Chorus 2

D   F♯m
Crying over you,

D   F♯m
Crying over you.

G   A7
Yes, now you're___ gone

      G   A7
And___ from this moment on

      D   D+
I'll be crying, crying,

G   Gm
Crying, crying,

     D   Bm
Ya, crying, cry - ing

G A7 D A D G D
O - ver you.

Chantilly Lace

Words and Music by J.P. Richardson

Melody:

Chan - til - ly   lace ___

(Tune down 1/2 step)

B7   E   A

213 4   231   123

Intro

Hello, baby.

Verse 1

B7
   Ya, this is the Big Bopper speakin'.
E   **B7**
   Ha, ha, ha, ha, ha, ha.
                     E
Oh, you sweet thing!
            A
Do I what?
      E
Will I what?
      B7   **E**
Oh, baby, you know what I like!

Chorus 1

                B7
Chantilly lace__ and a pretty face
                E
And a pony tail__ a hangin' down,
             B7
A wiggle in her walk and a giggle in her talk,
E
Make the world go 'round.
              A
There ain't nothin' in the world like a big eyed girl
              E
To make me act so funny, make me spend my money,
            B7
Make me feel real loose like a long necked goose,
      E   **N.C.**
Like a girl. *Oh, baby, that's a what I like.*

Verse 2

B7
What's that baby?

E   **B7**
But, but, but,

E   **A**   **E**
Oh, honey,

B7   **E**
But, oh baby, you know what I like!

Chorus 2

Repeat Chorus 1

Verse 3

B7
What's that honey?

E
Pick you up at eight?

             B7   **E**
And don't be late?

      A   **E**
But, baby, I ain't got no money, honey!

Ha, ha, ha, ha, ha.

B7
Oh, alright, honey, you know what I like!

Chorus 3

Repeat Chorus 1

Do Wah Diddy Diddy

Words and Music by
Jeff Barry and Ellie Greenwich

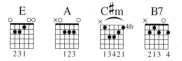

Intro

| E | A E N.C. |

Verse 1

N.C.
There she was just a walkin' down the street, singin',

   E   **A**   **E**
"Do wah diddy diddy dum diddy do."

Snappin' her fingers and shufflin' her feet, singin',

           A   **E**
"Do wah diddy diddy dum diddy do."

N.C.
She looked good. (Looked good.)

She looked fine. (Looked fine.)

She looked good, she looked fine

And I nearly lost my mind.

Verse 2

       E

Be-fore I knew it she was walkin' next to me, singin',

         A   **E**

"Do wah diddy diddy dum diddy do."

Holdin' my hand just as natural as can be, singin',

         A   **E**

"Do wah diddy diddy dum diddy do."

N.C.

We walked on. (Walked on.)

To my door. (My door.)

We walked on to my door,

Then we kissed a little more.

Bridge 1

E

   Whoa,

C♯m

I knew we was falling in love.

A   **B7**

   Yes, I did and so I told her all the things

I'd been dreamin' of.

Verse 3	**N.C.** Now we're together nearly ev'ry single day, singin',
	E **A** **E** "Do wah diddy diddy dum diddy do."

We're so happy and that's how we're gonna stay, singin',

                 A   **E**
"Do wah diddy diddy dum diddy do."

N.C.
Well, I'm hers. (I'm hers.)

She's mine. (She's mine.)

I'm hers, she's mine.

Wedding bells are gonna chime.

Bridge 2   *Repeat Bridge 1*

Verse 4   *Repeat Verse 3*

Outro
    E   **A**   **E**
("Do wah diddy diddy dum diddy do.

             A   **E**
Do wah diddy diddy dum diddy do.

             A   **E**
Do wah diddy diddy dum diddy do.")

Fun, Fun, Fun

Words and Music by
Brian Wilson and Mike Love

Melody:

Well, she got her dad-dy's car...

(Tune down 1/2 step)

E   A   B   G#m   F#

231   111   1333   134111   134211

Intro

E			
A		E	
B	A	E	B

Verse 1

                              E
Well, she got her daddy's car

                                                    A
And she cruised through the hamburger stand__ now.

                        E
Seems she for-got all about the library

                              B
Like she told her old man,__ now.

                        E
And with the radio blastin',

                                          A
Goes cruising just as fast as she can__ now.

                  E   G#m
And she'll have fun, fun, fun,

              A   B   E   A   G#m   B
Till her daddy takes the T-Bird away.

Verse 2

E
Well, the girls can't stand her

A
'Cause she walks, looks, and drives like an ace__ now.

E
She makes the Indy 500 look like

B
A Roman chariot race__ now.

E
A lotta guys try to catch her,

A
But she leads them on a wild goose chase__ now.

E   G#m
And she'll have fun, fun, fun,

A   B   E   A   G#m   B
Till her daddy takes the T-Bird away.

Verse 3

E
Well, you knew all along

A
That your dad was gettin' wise to you__ now.

E
And since he took your set of keys

B
You've been thinking that your fun is all through__ now.

E
But you can come along with me,

A
'Cause we gotta lotta things to do__ now.

E   G#m
And we'll have fun, fun, fun,

A   B   E   A   G#m   B
Till her daddy takes the T-Bird away.

Outro

           E   **G♯m**
And we'll have fun, fun, fun,

      A   **B**   **E** **A** **G♯m** **B**
Now that daddy took the T-Bird away.

           E   **G♯m**
And we'll have fun, fun, fun,

      A   **B**   **E** **A** **G♯m** **F♯**
Now that daddy took the T-Bird away.

   B
‖: (Fun, fun, fun,

                          E
Now that Daddy took the T-Bird away.

Fun, fun, fun,

      A
Now that Daddy took the T-Bird away.) :‖ *Repeat and fade*

Don't Be Cruel
(To a Heart That's True)

Words and Music by
Otis Blackwell and Elvis Presley

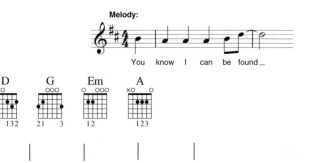

Melody:

You know I can be found —

| D | G | Em | A |

Intro | D | | | |

Verse 1

    D
You know I can be found

Sitting home all alone.

   G
If you can't come around,

   D
At least please telephone.

       Em A   **D**
Don't be cruel   to a heart that's true.

Verse 2

    D
Baby, if I made you mad

For something I might have said,

G
Please, let's forget the past,

   D
The future looks bright ahead.

       Em A   **D**
Don't be cruel   to a heart that's true.

      G   **A**
I don't want no other love,

G   **A**   **D**
Baby, it's just you I'm thinking of.

Verse 3

    D
Don't stop thinking of me,

Don't make me feel this way.

     G
Come on over here and love me,

    D
You know what I want you to say.

       Em A   D
Don't be cruel   to a heart that's true.

     G   A
Why should we be apart?

    G   A   D
I really love you, ba - by, cross my heart.

Verse 4

    D
Let's walk up to the preacher,

And let us say, "I do."

    G
And then you'll know you'll have me,

    D
And I'll know that I have you.

       Em A   D
Don't be cruel   to a heart that's true.

      G   A
I don't want no other love,

G   A   D   N.C.
Baby, it's just you I'm thinking of.

Outro

       Em A   D
Don't be cruel   to a heart that's true.

       Em A   D
Don't be cruel   to a heart that's true.

      G   A
I don't want no other love,

G   A   D
Baby, it's just you I'm thinking of.

Donna

Words and Music by Ritchie Valens

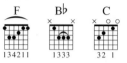

F   Bb   C

Intro

    F   Bb C
Oh, Donna, oh, Donna.

    F   Bb C
Oh, Donna, oh, Donna.

Verse 1

      F
  I had a girl,

Bb   C
Donna was her name.

      F
  Since she left me,

    Bb   C
I've never been the same

        F
'Cause I love my girl.

Bb   C   F
Donna, where can you be,

Bb   C
Where can you be?

Verse 2

   F
     Now that you're gone,

    B♭   **C**
I'm left all a-lone.

   F
     All by myself

    B♭   **C**
To wonder and roam

       F
'Cause I love my girl.

B♭   **C**   **F**
Donna, where can you be,

B♭   **F**
Where can you be?

Bridge

       B♭
Oh well, darling,

Now that you're gone,

    F
I don't know what I'll do.

   B♭
Oh, time had all my love

   C
For you, mm.

Verse 3   *Repeat Verse 1*

Outro

F   **B♭** **C**
Oh, Donna, oh, Donna.

F   **B♭** **C**
Oh, Donna, oh, Donna.

F
Oh.

Dream Lover

Words and Music by Bobby Darin

Melody:

(Ooh. _____

C   Am   G   F   C7   D7   Ab   Db   Bbm   Gb

Intro

       C   Am
(Ooh.

       C   Am
Ooh.)

Verse 1

       C
    Ev'ry night I hope and pray
Am
    A dream lover will come my way,
C
    A girl to hold in my arms
Am
    And know the magic of her charms.
        N.C. C N.C. G N.C. C N.C.   F
'Cause I want   a girl   to call   my own,
         C   Am   F   G   C G
I want a   dream lover so I don't have to__ dream alone.

Verse 2

       C
    Dream lover, where are you,
Am
    With a love, oh, so true,
C
    And I hand that can hold
Am
    To feel you near when I grow old?
        N.C. C N.C. G N.C. C N.C.   F
'Cause I want   a girl   to call   my own,
         C   Am   F   G   C C7
I want a   dream lover so I don't have to__ dream alone.

Bridge

F
    Someday, I don't know how,

C
    I hope you'll hear my plea.

D7
    Some way, I don't know how,

G N.C.   G
    She'll bring her love to me.

Verse 3

C
    Dream lover, until then,

Am
    I'll go to sleep and dream again.

C
    That's the only thing to do

Am
    Till all my lover's dreams come true.

        N.C. C N.C.   G N.C.   C N.C.   F
'Cause I want   a girl   to call   my own,

          C   Am   F   G   C A♭
I want a   dream lover so I don't have to__ dream alone.

Verse 4

D♭
    Dream lover, until then,

B♭m
    I'll go to sleep and dream again.

D♭
    That's the only thing to do

B♭m
    Till all my lover's dreams come true.

        N.C. D♭ N.C. A♭ N.C. D♭ N.C.   G♭
'Cause I want   a girl   to call   my own,

          D♭   B♭m G♭   A♭   D♭
I want a   dream lover so I don't have to__ dream alone.

Outro

B♭m   D♭
    Please, don't make me dream alone.

B♭m   D♭
    I beg you don't make me dream alone.

    B♭m   D♭
‖:   No, I don't wanna dream alone. :‖ *Repeat and fade*

Duke of Earl

Words and Music by Earl Edwards,
Eugene Dixon and Bernice Williams

Duke,   Duke,   Duke,   Duke of   Earl

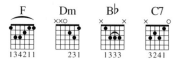

F   Dm   B♭   C7
134211   231   1333   3241

Intro

            F   **Dm**
Duke, Duke, Duke, Duke of Earl.

               B♭
Duke, Duke, Duke of Earl.

               C7
Duke, Duke, Duke of Earl.

Duke, Duke, Duke.

Verse 1

            F   **Dm**
As I walk through this world,

B♭   **C7**
Nothing can stop the Duke of Earl.

       F   **Dm**
And you are my girl,

      B♭   **C7**
And no one can hurt you.

Chorus 1	**F** **Dm** Yes, I'm gonna love you

F   **Dm**

Chorus 1   Yes, I'm gonna love you

      B♭

Let me hold you,

               C7

'Cause I'm the Duke of Earl.

      F   **Dm**

Verse 2   When I hold you

B♭   **C7**

You will be the duchess of Earl!

        F   **Dm**

When I walk through my Dukedom

      B♭   **C7**

The paradise we will share.

Chorus 2   *Repeat Chorus 1*

Outro   *Repeat Intro till fade*

Earth Angel

Words and Music by Jesse Belvin

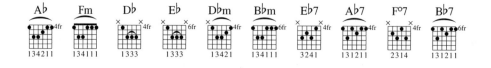

Verse 1

        Ab   **Fm**
Earth angel, earth angel,

Db   **Eb**
   Will you be mine,

Ab   **Fm**
   My darling, dear,

Db   **Eb**
Love you all the time.

Ab   **Fm**
   I'm just a fool,

Db   **Eb**   **Ab** **Fm** **Db** **Eb**
   A fool in love with you.

Verse 2

        Ab   **Fm**
Earth Angel, earth angel,

Db   **Eb**
   The one I a-dore,

Ab   **Fm**
   Love you for-ever

   Db **Eb**
And ever-more.

Ab   **Fm**
   I'm just a fool,

Db   **Eb**   **Ab** **Fm** **Db** **Eb**
   A fool in love with you.

Bridge

D♭   **D♭m**
I fell for you,

A♭   **B♭m**   **E♭7**   **A♭**   **A♭7**
And I knew the vision of your love's loveli-ness,

D♭   **F°7**
I hope and I pray

A♭   **Fm**   **B♭7**   **E♭7**
That some-day I'll be the vision of your happi-ness.

Verse 3

       A♭   **Fm**
Earth angel, earth angel,

D♭   **E♭**
Please be mine,

A♭   **Fm**
My darling dear,

D♭   **E♭**
Love you all the time.

A♭   **Fm**
I'm just a fool,

D♭   **E♭**   **A♭** **B♭m** **A♭**
A fool in love with you.

Great Balls of Fire

Words and Music by
Otis Blackwell and Jack Hammer

Melody:

You shake my nerves and you rat-tle my brain.

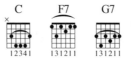

C   F7   G7

Verse 1

C N.C.
You shake my nerves and you rattle my brain.

C N.C
Too much love drives a man insane.

G7   **F7 N.C.**
You broke my will,   but what a thrill.

C N.C.
Goodness gracious, great balls of fire!

Verse 2

C
I laughed at love 'cause I thought it was funny.

F7
You came along and you moved me, honey.

G7   **F7**
I changed my mind,   love's just fine.

C N.C.
Goodness gracious, great balls of fire!

Bridge 1

    F7
Kiss me, baby.

      C
Woo,___ it feels good.

    F7
Hold me, baby.

    G7
Well, I want to love you like a lover should.

You're fine, so kind,

Got to tell this world that you're mine, mine, mine, mine.

Verse 3

    C
I chew my nails and I twiddle my thumb.

    F7
I'm real nervous but it sure is fun.

    G7   F7
Come on, baby, you're driving me crazy.

    C N.C.
Goodness gracious, great balls of fire.

Solo

	C			F7			
	G7		F7	C			
				F7			
	G7		F7	C		Well,	

Bridge 2   *Repeat Bridge 1*

Verse 4

    C
I chew my nails and I twiddle my thumb.

    F7
I'm real nervous but it sure is fun.

    G7   F7
Come on, baby, you're driving me crazy.

    C N.C.   C
Goodness gracious, great balls of fire.

The Great Pretender

Words and Music by Buck Ram

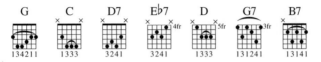

G   C   D7   E♭7   D   G7   B7

| **Intro** | `\|` G   C   \|D7 N.C. E♭7 D7 `\|` |

Verse 1

        G   C   G
Oh, yes I'm the great pre-tender,

        C   G
Pre-tending that I'm doing well.

        C   D   G   C
My need is such I pre-tend too much.

        G   D   G D
I'm lonely but no one can tell.

Verse 2

        G   C   G
Oh yes, I'm the great pre-tender,

        C   G
A-drift in a world of my own.

        C   D   G   C
I play the game but, to my real shame,

        G   D   G   G7
You've left me to dream all a-lone.

Bridge 1

      C   G
Too real is this feeling of make believe,

      C   G   D
Too real when I feel what my heart can't con-ceal.

Verse 3

      G   C   G
Oh, yes, I'm the great pre-tender,

      C   G
Just laughin' and gay like a clown.

      C   D   G   C
I seem to be but I'm not, you see.

      G   D   B7
I'm wearing my heart like a crown;

             G   D   G   G7
Pretend - ing that you're still a-round.

Bridge 2   *Repeat Bridge 1*

Verse 4

      G   C   G
Oh, yes, I'm the great pre-tender,

      C   G
Just laughin' and gay like a clown.

      C   D   G   C
I seem to be but I'm not, you see.

      G   D   B7
I'm wearing my heart like a crown;

      N.C.
Pre-tending that you're still a-round.

      C   G
(Still a-round.)

Heartbreak Hotel

Words and Music by Mae Boren Axton,
Tommy Durden and Elvis Presley

Melody:

Well, since my ___ ba - by left me,...

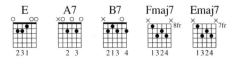

Verse 1

                                       E
Well, since my baby left me,

N.C.   **E**
Well, I found a new place to dwell.

N.C.
Well, it's down at the end of Lonely Street at

E
      Heartbreak Hotel where I'll be,

A7
      I'll be so lonely, baby,

      Well, I'm so lonely,

B7   **E**
I'll be so lonely I could die.

Verse 2

N.C.   **E**
Al-though it's always crowd-ed,

N.C.   **E**
You still can find some room

N.C.
For broken hearted lovers

To cry there in the gloom. We'll be so,

A7
    We'll be so lonely, baby,

We'll be so lonely,

B7   **E**
    Well, they're so lonely they could die.

Verse 3

          E N.C.   **E**
Now, the bellhop's tears keep flow-ing,

N.C.   **E**
The desk clerk's dressed in black.

N.C.
They've been so long on Lonely Street

      E
They'll never, never look back.

And they're so,

A7
    And they're so lonely, baby,

Well, they're so lonely,

B7   **E**
    Well, they're so lonely they could die.

Verse 4

        E N.C.   **E**
Well, now if your baby leaves you

N.C.   **E**
And you've got a tale to tell,

N.C
Well, just take a walk down Lonely Street to

E
   Heartbreak Hotel

Where you will be,

A7
   You will be, you'll be so lonely, baby,

Well, you'll be lonely,

B7   **E**
   You'll be so lonely you could die.

Solo

E				
A7		B7	E	

Verse 5

    N.C.   **E**
Al-though it's always crowd-ed,

N.C.   **E**
You still can find some room

N.C.
For broken hearted lovers

To cry there in the gloom. We'll be so,

A7
   We'll be so lonely, baby,

We'll they're so lonely,

B7   **E**   **Fmaj7 Emaj7**
   Well, be so lonely they could die.

I Get Around

Words and Music by
Brian Wilson and Mike Love

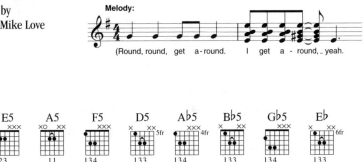

G5 E5 A5 F5 D5 Ab5 Bb5 Gb5 Eb

Intro

N.C.
(Round, round, get around.

I get around, yeah.

Get around, round, round,

I get around.)

Chorus 1

    G5   **E5**
I get a-round from town to town.
                  A5
I'm a real cool head.
                   F5   **D5**
I'm makin' real good bread.

Verse 1

         A5   **D5**   **A5**   **D5**

I'm gettin' bugged drivin' up and down the same old strip.

      A5   **D5**   **A5**   **D5**

I gotta find a new place where the kids are hip.

| **N.C.** | | |

     A5   **D5**   **A5**   **D5**

My buddies and me__ are gettin' real well known,

        A5   **D5**   **A5**   **D5**

Yeah, the bad guys know us and they leave us a-lone.

Chorus 2

    G5   **E5**

I get a-round from town to town.

          A5

I'm a real cool head.

             F5   **D5**

I'm makin' real good bread.

     E5

(I get a-round.) (Round.) Get around, round, round.

Solo

| A | | D | | |
| A | | E | F | |

Verse 2

    B♭5   **E♭5**   **B♭5**   **E♭5**
We always take my car 'cause it's never been beat.

        B♭5   **E♭5**   **B♭5**   **E♭5**
And we've never missed yet with the girls we meet.
| **N.C.** | | |

        B♭5   **E♭5**   **B♭5**   **E♭5**
None of the guys go steady 'cause it wouldn't be right,

        B♭5   **E♭5**   **B♭5**   **E♭5**
To leave their best girl home on a Saturday night.

Chorus 3

    A♭5   **F5**
I get a-round from town to town.

            B♭5
I'm a real cool head.

                G♭5   **E♭5**
I'm makin' real good bread.

    F5   **E♭5**
(I get a-round.) (Round.) Oo.

Outro

    A♭5 N.C.
(Round, round, get around.

I get around, yeah.

Get around, round, round,

I get around.)

    A♭5   **F5**
‖: I get a-round from town to town.

           B♭5
I'm a real cool head.

               G♭5   **E♭5**
I'm makin' real good bread.   :‖ *Repeat and fade*

Hello Mary Lou

Words and Music by
Gene Pitney and C. Mangiaracina

Melody:

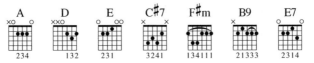

Hel - lo   Mar - y Lou, __

A   D   E   C#7   F#m   B9   E7

Intro |A | | | |

Chorus 1
        A   D
Hel-lo Mary Lou,   goodbye heart.

         A   E
Sweet Mary Lou I'm so in love with you.

      A   C#7   F#m
I knew Mary Lou   we'd never part,

        B9   E   A   D   A
So hello__ Mary Lou,__ goodbye heart.

Verse 1
        A
You passed me by one sunny day,

 D
Flashed those big brown eyes my way,

      A   E7
And oo, I wanted you forever more.

      A
Now, I'm not one that gets around.

 D
I swear my feet stuck to the ground

      A   E7   A
And though I never did__ meet you before.

Chorus 2   *Repeat Chorus 1*

Solo   *Repeat Chorus 1 (Instrumental)*

Verse 2

    A
I saw your lips, I heard your voice,

    D
Be-lieve me I just had no choice.

    A   E7
Wild horses couldn't make me stay away.

    A
I thought about a moonlit night,

    D
My arms around you good an' tight.

    A   E7   A
That's all I had to see__ for me to say:

Chorus 3   *Repeat Chorus 1*

Outro

     B9   E   A   D   A
So hello__ Mary Lou,__ goodbye heart.

     B9   E   A   D A E A
Yes, hello__ Mary Lou,__ goodbye heart.

Hi-Heel Sneakers

Words and Music by Robert Higgenbotham

Put on your red dress,...

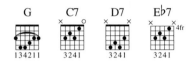

G   C7   D7   Eb7

Verse 1

        G
Put on your red dress, baby,

'Cause we're goin' out tonight.

Oh, yeah.

      C7
Put on your red dress, baby,

           G
Oh, we're goin' out to-night.

Oh, yeah.

  D7
Well, wear some boxin' gloves,

C7 N.C.   **G**
    In case some fool may start a fight.

              Eb7 D7
(Hear what I say?)

Verse 2

        G
Put on your hi-heel sneakers,

Put your wig hat on your head.

Oh, yeah.

        C7
Put on your hi-heel sneakers,

                G
Slap that wig right on your head.

Oh, yeah.

      D7
Well, I'm pretty sure now, baby,

C7   **G**
   Pretty soon you're gonna knock 'em dead.

(Hear what I say?)

Hound Dog

Words and Music by
Jerry Leiber and Mike Stoller

Melody:

You ain't noth-in' but a hound   dog - a,...

C   F7   G7

1 3 3 3   1 3 1 2 1 1   1 3 1 2 1 1

Chorus 1

           C
You ain't nothin' but a hound dog a,

C-cryin' all the time.

         F7
You ain't nothin' but a hound dog a,

     C
Cryin' all the time.

     G7
Well, you ain't never caught a rabbit

  F7   **N.C.**
And you ain't no friend of mine.

Verse 1

             C
Well, they said you was high - classed.

Well, that was just a lie.

      F7
Yeah, they said you was high-class.

   C
Well, that was just a lie.

   G7
Well, you ain't never caught a rabbit

 F7   **N.C.**
And you ain't no friend of mine.

Chorus 2	*Repeat Chorus 1*		

Solo 1

```
| C      |        |        |        |        |
| F7     |        | C      |        |        |
| G7     | F7     | C      |        |        |
```

Verse 2 *Repeat Verse 1*

Solo 2 *Repeat Solo 1*

Verse 3 *Repeat Verse 1*

Chorus 3

            C
You ain't nothin' but a hound dog a,

C-cryin' all the time.

            F7
You ain't nothin' but a hound dog a,

  C
Cryin' all the time.

      G7   **N.C.**
Well, you ain't never caught a rab-bit;

         C
You ain't no friend of mine.

You ain't nothin' but a hound dog.

In My Room

Words and Music by
Brian Wilson and Gary Usher

Melody:

There's   a   world   where...

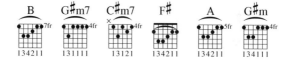

B   G#m7   C#m7   F#   A   G#m

Intro			B G#m7	C#m7 F#	
Verse 1			

B
There's a world where I can go and

     A   B G#m7
Tell my secrets to.

    C#m7 A F#
In my room,

     B   A   B
In my room. (In my room.)

Verse 2

    B
In this world I lock out all my

     A   B G#m7
Worries and my fears.

    C#m7 A F#
In my room,

     B   A   B
In my room. (In my room.)

Bridge

G♯m   F♯
Do my dreaming, and my scheming,

G♯m   F♯   G♯m   F♯   B
Lie   a - wake and pray.

G♯m   F♯
Do my crying and my sighing,

C♯m7   F♯
Laugh at yesterday.

Verse 3

B
Now it's dark and I'm alone but

       A   B   G♯m7
I won't be a-fraid

       C♯m7   A   F♯
In my room,

       B
In my room.

Outro

   A   B   A   B
‖: In my room, in my room. :‖   *Repeat and fade*

In the Midnight Hour

Words and Music by
Steve Cropper and Wilson Pickett

Melody:

I'm gon-na wait 'til the mid-night hour,...

D   B   A   G   E   B7

Intro

| D   B | | A   G | |

| E   A | E   A |

Verse 1

          E   **A** **E** **A**
I'm gonna wait 'til the midnight hour,

             E   **A**   **E**
That's when my love comes tumbling down.

A   **E**   **A**   **E**
  I'm gonna wait 'til the midnight hour,

A   **E** **A**   **E**
  When there's no one else around.

A   **B**   **A**
  I'm gonna take you, girl, and hold you,

  B
And do all the things I

A   **E** **A**
Told you in the midnight hour.

    E **A** **E** **A** **D** **B**
Yes, I am, oh yes, I am.

Verse 2

```
          E      A              E
I'm gonna wait 'til stars come out

A         E      A     E
  And see that twinkle in your eyes.

A          E      A         E
  I'm gonna wait 'til the midnight hour,

A             E     A          E
  That's when my love be-gins to shine.

A              B              A
  You'll be the only girl I'll love,

  B7
And really love you

A               E
So in the midnight hour,

A  E       A     E  A  E  A
  Oh yeah, in the midnight hour.
```

It's My Party

Words and Music by Herb Wiener,
Wally Gold and John Gluck, Jr.

No-bod-y knows_ where my John-ny has gone,_

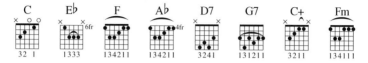

C   Eb   F   Ab   D7   G7   C+   Fm

Verse 1

    C   **Eb**
Nobody knows where my Johnny has gone,

    C   **F**
But Judy left the same time.

Ab   **C**
   Why was he holding her hand,

    D7   **G7**
When he's supposed to be mine?

Chorus 1

    C   **C+**
It's my party and I'll cry if I want to,

F
Cry if I want to,

Fm
Cry if I want to.

C   **G7**   **C**   **F**   **G7**
   You would cry too, if it happened to you.

Verse 2

C   Eb
Play all my records, keep dancing all night,

      C   F
But leave me alone for a-while.

A♭   C
  'Til Johnny's dancing with me,

      D7   G7
I've got no reason to smile.

Chorus 2   *Repeat Chorus 1*

Verse 3

C   Eb
Judy and Johnny just walked through the door,

C   F
Like a queen and her king.

A♭   C
  Oh, what a birthday surprise,

D7   G7
Judy's wearing his ring.

Chorus 3

C   C+
It's my party and I'll cry if I want to,

F
Cry if I want to,

Fm
Cry if I want to.

C   G7   C   F   C
  You would cry too, if it happened to you.

Jailhouse Rock

Words and Music by
Jerry Leiber and Mike Stoller

Melody:

War-den threw a par-ty in the coun-ty jail.

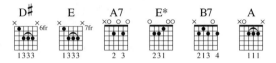

D#   E   A7   E*   B7   A

Intro   D# |E | D# |E | D# |

Verse 1
    E   **D#**
Warden threw a party in the county jail.

        E   **D#**
The prison band was there and they began to wail.

        E   **D#**
The band was jumpin' and the joint began to swing.

        E N.C.
You should've heard those knocked out jailbirds sing.

Chorus 1
    A7
Let's rock!

           E*
Ev'rybody, let's rock!

    B7   **A7**
Ev'ry-body in the whole cell block

           E*
Was danc - in' to the Jailhouse Rock.

| | E   D♯ |
| *Verse 2* | Spider Murphy played the tenor saxophone. |

E   D♯
Little Joe was blowin' on the slide trombone.

    E   D♯
The drummer boy from Illinois went crash, boom, bang.

    E N.C.
The whole rhythm section was the Purple Gang.

Chorus 2   *Repeat Chorus 1*

E   D♯
Verse 3   Number forty-seven said to number three,

E   D♯
"You the cutest jailbird I ever did see.

    E   D♯
I sure would be delighted with your company.

    E N.C.
Come on and do the Jailhouse Rock with me."

Chorus 3   *Repeat Chorus 1*

Solo

A7		E*		
B7	A7	E* A E* A	E* D♯	

	E **D♯**
Verse 4	Sad Sack was sittin' on a block of stone,
	E **D♯**
	Way over in the corner weepin' all alone.
	E **D♯**
	The warden said, "Hey, buddy, don't you be no square.
	E N.C.
	If you can't find a partner use a wooden chair."

Chorus 4   *Repeat Chorus 1*

	E **D♯**
Verse 5	Shifty Henry said to Bugs, "For heaven's sake,
	E **D♯**
	No one's lookin', now's our chance to make a break."
	E **D♯**
	Bugsy, he turned to Shifty and he said, "Nix, nix,
	E N.C.
	I wanna stick around awhile to get my kicks."

Chorus 5   *Repeat Chorus 1*

	E*
Outro	‖: Dancin' to the Jailhouse Rock. :‖ ***Repeat and fade***

Limbo Rock

Words and Music by
Billy Strange and Jon Sheldon

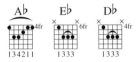

Intro | A♭ | E♭   A♭ | | E♭   A♭ |

Verse 1

A♭
Ev'ry limbo boy and girl,

E♭   **A♭**
All a-round the limbo world

Gonna do the limbo rock

E♭   **A♭**
All a-round the limbo block.

D♭
Jack be limber, Jack be quick,

A♭   **E♭**
Jack go under limbo stick.

All around the limbo clock,

A♭   **D♭**   **A♭**   **N.C.**
Hey, let's do the limbo rock.

Limbo lower now.

Limbo lower now.

How low can you go?

        A♭
First you spread your limbo feet,

    E♭   **A♭**
Then you move to limbo beat.

Limbo ankle, limbo knee,

      E♭   **A♭**
Bend back like a limbo tree.

     D♭
Jack be limber, Jack be quick,

    A♭   **E♭**
Jack go under limbo stick.

All around the limbo clock,

    A♭ **D♭** **A♭**
Hey, let's do the limbo rock.

Interlude

     A♭
La, la, la, la, la, la, la;

    E♭   **Ab**
La, la, la, la, la, la, la;

La, la, la, la, la, la la;

    E♭   **A♭**
La, la, la, la, la, la, la;

   D♭
La, la, la, la, la, la, la, la;

   A♭   **E♭**
La, la, la, la, la, la, la, la;

La, la, la, la, la, la, la, la;

   A♭ **D♭** **A♭**
La, la, la, la, la, la, la, la.

Verse 3

        A♭
Get your-self a limbo girl,

     E♭   **A♭**
Give that chick a limbo whirl.

There's a limbo moon above,

     E♭   **A♭**
You will fall in limbo love.

     D♭
Jack be limber, Jack be quick,

    A♭   **E♭**
Jack go under limbo stick.

All around the limbo clock,

      A♭   **D♭** **A♭** **N.C.**
Hey, let's do the limbo rock.

Don't move that limbo bar.

You'll be a limbo star.

How low can you go?

Outro   *Repeat Interlude*

Kansas City

Words and Music by
Jerry Leiber and Mike Stoller

I'm go-in' to   Kan - sas Cit - y,...

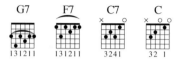

G7	F7	C7	C
131211	131211	3241	32 1

Intro |G7 |F7 |C7 | | |

Verse 1
       C
I'm goin' to   Kansas City,

Kansas City here I come.

       F7
I'm goin' to   Kansas City,

        C
Kansas City here I come.

       G7
They got a crazy way of lovin' there and

F7   **C**
I'm gonna get me some.

                            C
Verse 2   I'm gonna be   standin' on the corner Twelfth Street and Vine.
                            F7   C
               I'm gonna be   standin' on the corner Twelfth Street and Vine,
                    G7   F7   C
               With my Kansas City baby and a bottle of Kansas City wine.
                    C   F7
               Well, I might take a train, I might take a plane,
                    C
               But if I have to walk, I'm goin' just the same.
                    F7
               I'm goin' to   Kansas City,
                            C
               Kansas City here I come.
                    G7   F7   C
               They got a crazy way of lovin' there and I'm gonna get me some.

                            C
Verse 3   I'm goin' to   pack my clothes, leave at the crack of dawn.
                    F   C
               I'm goin' to   pack my clothes, leave at the crack of dawn.
                    G7   F7   C
               My old lady will be sleepin', she won't know where I'm gone.
                    C   F7
               'Cause if I stay with that woman, I know I'm gonna die.
                    C
               Gotta find a brand-new baby, and that's the reason why
                    F7   C
               I'm goin' to   Kansas City, Kansas City here I come.
                    G7   F7   C7
               They got a crazy way of lovin' there and I'm gonna get me some.

La Bamba

By Ritchie Valens

Melody:

Pa - ra bai - lar La Bam - ba.

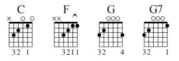

C   F   G   G7

Intro | C F G | | C F | G7 |

Verse 1

    N.C.   **C**   **F G**
Para bailar La Bam - ba.

               C   **F**   **G**
Para bailar La Bam - ba, se nece-sita

    C   **F G**
Un poca de gracia.

       C   **F**   **G**
Una poca de gracia pa'ra mi pa'ra ti

    C   **F G**
Y arriba, arri - ba,

    C   **F**   **G**
Y arriba, arri - ba, por ti se re,

   C **F** **G7**
Por ti se re, por ti se re.

     C **F G**
Yo no soy mari-nero.

      C   **F**   **G**
You no soy mari-nero, soy capi-tan,

    C **F G**
Soy capitan,___ soy capi-tan.

Chorus 1

```
C   F   G
```
Bam-ba, bamba.
```
C   F   G
```
Bam-ba, bamba.
```
C   F   G
```
Bam-ba, Bamba.
```
C   F
```
Bam-ba.

Verse 2

```
G7 N.C.          C    F  G
```
   Para bailar La Bam - ba.
```
                  C      F  G
```
Para bailar La Bam - ba, se nece-sita
```
            C    F  G
```
Un poca de gracia.
```
              C        F      G
```
Una poca de gracia pa'ra mi pa'ra ti
```
              C
```
Y arriba, arri - ba.

Solo

‖: C   F   G | :‖   *Play 7 times*

Verse 3

```
               C    F  G
```
Para bailar La Bam - ba.
```
                  C      F  G
```
Para bailar La Bam - ba, se nece-sita
```
            C    F  G
```
Un poca de gracia.
```
              C        F      G
```
Una poca de gracia pa'ra mi pa'ra ti
```
              C    F  G
```
Y arriba, arri - ba,
```
              C      F    G
```
Y arriba, arri - ba, por ti se re,
```
            C    F    G7
```
Por ti se re, por ti se re.

Outro

```
  C   F  G
```
‖: Bam-ba, bamba.
```
C   F  G
```
Bam-ba, bamba. :‖   *Repeat and fade*

ROCK 'n' ROLL

Last Kiss

Words and Music by Wayne Cochran

Well, where, oh where can my ___ ba - by be?

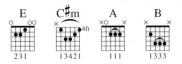

E   C#m   A   B
231 13421 111 1333

Chorus 1

N.C.
Well, where, oh where can my baby be?

The Lord took her away from me.

She's gone to heaven, so I got to be good

So I can see my baby when I leave a this world.

Verse 1

      E   C#m
We were out on a date in my___ daddy's car.

A   B
 We hadn't driven very far.

E   C#m
There in the road, straight ahead,

A   B
 A car was stalled. The engine was dead.

E   C#m
I couldn't stop so I swerved to the right.

  A   B
I'll never forget the sound that night,

  E   C#m
The cryin' tires, the bustin' glass,

  A   B   E N.C.
The painful scream that I heard last.

Chorus 2

      E   C♯m
Well, where, oh where can my   baby be?

A   B
  The Lord took her a-way from me.

E   C♯m
  She's gone to heaven, so I got to be good

  A   B   E N.C.
So I can see my baby when I leave a this world.

Verse 2

           E   C♯m
Well, when I woke up the rain was pourin' down.

A   B
  There were people standing all around.

E   C♯m
Something warm runnin' in my eyes,

  A   B
But I found my baby some-how that night.

E   C♯m
I raised her head and then she smiled and said,

A   B
  "Hold me, darlin', for a little while."

E   C♯m
I held her close. I kissed her our last kiss.

A   B
  I found the love that I knew I would miss.

     E   C♯m
But now she's gone even though I hold her tight.

A   B   E
I lost my love, my life that night.

Chorus 3   *Repeat Chorus 2*

Outro

      E   C♯m   A   B
‖: Mm. | Mm,   mm. :‖   ***Repeat and fade***

Little Deuce Coupe

Music by Brian Wilson
Words by Roger Christian

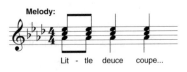

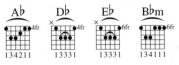

Intro

A♭
Little deuce coupe you don't know,

You don't know what I got.

Verse 1

A♭
Well, I'm not braggin' babe, so don't put me down,

But I've got the fastest set of wheels in town.

D♭
When somethin' comes up to me, he don't even try,

A♭
'Cause if it had a set of wings, man I know she could fly.

Chorus 1

E♭　　　　**B♭m**
She's my little deuce coupe.

E♭　　　　　**B♭m**　　　　**A♭**
　You don't know___ what I got.

Verse 2

A♭
Just a little deuce coupe with a flat head mill,

But she'll walk a Thunderbird like she's standin' still.

D♭
She's ported and relieved and she's stroked and bored.

A♭
She'll do a hundred and forty in the top end floored.

Chorus 2   *Repeat Chorus 1*

                  D♭
Bridge   She's got a competition clutch with a four on the floor

            A♭
And she purrs like a kitten till the lake pipes roar.

            D♭
And if that ain't enough to make you flip your lid,

            B♭m   **E♭ N.C.**
There's one more thing, I got the pink slip, daddy.

            A♭
Verse 3   And comin' off the line when the light turns green,

Well, she blows 'em out of the water like you never seen.

            D♭
I get pushed out of shape, and it's hard to steer

            A♭
When I get rubber in all four gears.

Chorus 3   *Repeat Chorus 1*

Outro   *Repeat Chorus 1 till fade*

The Loco-Motion

Words and Music by
Gerry Goffin and Carole King

Ev -'ry-bod-y's do - in' a brand new dance now.

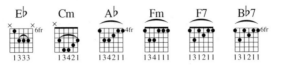

Intro | E♭ | Cm | E♭ | Cm |

Verse 1

E♭   Cm
Everybody's doin' a brand new dance now.

E♭   Cm
(C'mon, baby, do__ the Locomotion.)

E♭   Cm
I know you'll get to like it if you give it a chance now.

E♭   Cm
(C'mon, baby, do__ the Locomotion.)

A♭   Fm
My little baby sister can do it with ease,

A♭   F7
It's easier than learnin' your A-B-C's.

E♭   B♭7   E♭
So come on, come on, do the Locomotion with me.

You gotta swing your hips now.

A♭   E♭
Come on, baby, jump up,__ jump back.

B♭7
Oh, well, I think you got the knack.

Verse 2

    E♭   Cm
Now that you can do it, let's make a chain now.

    E♭   Cm
   (C'mon, baby, do__ the Locomotion.)

     E♭   Cm
A chug-a chug-a motion like a railroad train now.

    E♭   Cm
   (C'mon, baby, do__ the Locomotion.)

    A♭   Fm
Do it nice and easy now, don't lose control,

    A♭   F7
A little bit of rhythm and a lot of soul.

    E♭   B♭7   E♭
Come on, come on, do the Locomotion with me.

                   Cm
(C'mon, baby, do__ the Locomotion.)

Verse 3

    E♭   Cm
Move around the floor in a locomotion.

    E♭   Cm
   (C'mon, baby, do__ the Locomotion.)

    E♭   Cm
Do it holdin' hands if you get the notion.

    E♭   Cm
   (C'mon, baby, do__ the Locomotion.)

      A♭   Fm
There's never been a dance that's so easy to do.

    A♭   F7
It even makes you happy when you're feelin' blue.

     E♭   B♭7   E♭
So, come on, come on, do the Locomotion with me.

              Cm
(C'mon, baby, do__ the Locomotion.)

Outro

    E♭   Cm
‖: (C'mon, baby, do__ the Locomotion.) :‖   *Repeat and fade*

Lonely Street

Words and Music by Carl Belew,
W.S. Stevenson and Kenny Sowder

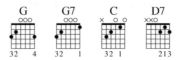

Verse 1

G   G7
I'm looking for that lonely street;

C   G   G7
   I've got a sad, sad tale to tell.

C   G
   I need a place to go and weep.

D7   C   G
Where's this place called Lonely Street?

Verse 2

G   G7
A place where there's just loneliness,

C   G   G7
   Where dim lights bring for-getfulness,

C   G
   Where broken dreams   and mem'ries meet.

D7   C   G G7
Where's this place called Lonely Street?

GUITAR CHORD SONGBOOK

Bridge

       C
Per-haps upon that lonely street,

        G   G7
There's someone such as I

C
      Who came to bury broken dreams

      G   D7
And watch an old love die.

Verse 3

      G   G7
If I could find that lonely street,

C   G   G7
      Where dim lights bring for-getfulness,

C   G
      Where broken dreams and mem'ries meet.

D7   C   G
Where's this place called Lonely Street?

Long Tall Sally

Words and Music by Enotris Johnson,
Richard Penniman and Robert Blackwell

Gon-na   tell Aunt Mar - y   a - bout Un-cle John,...

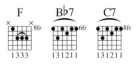

Verse 1

       F N.C.   **F N.C.**
Gonna tell Aunt Mary a-bout Uncle John,

    F N.C.
He claims he has the mis'ry,

But he has a lot of fun.

   Bb7   **F**
Oh, ba - by, yes, ba - by.

    C7
Woo, ba - by,

Bb7   **F**
Havin' me some fun to-night. Yeah!

Verse 2

      F N.C.   **F N.C.**
Well, long tall Sally she's   built pretty sweet.

    F N.C.
She got   ev'rything that Uncle John need.

    Bb7   **F**
Oh ba - by, yes, ba - by.

     C7 **Bb7**   **F**
Woo, ba - by, havin' me some fun to-night. Yeah.

Solo

```
‖: F     |         |         |         |
   B♭7   |         | F       |         |
   C7    | B♭7     | F       | C7      :‖
```

Verse 3

       F N.C.   F N.C.
Well, I saw Uncle John with blonde headed Sally.

       F N.C.
He saw Aunt Mary comin' and he ducked back in the alley.

     B♭7   F
Oh ba - by, yes, ba - by.

     C7   B♭7   F
Woo, ba - by, havin' me some fun to-night. Yeah.

Verse 4

Repeat Verse 2

Outro

         F
We're gonna have some fun tonight.

We're gonna have some fun tonight.

   B♭7
Ooh,___ have some fun tonight.

F
Ev'rything's alright.

C7
Have some fun,

B♭7   F
Have me some fun tonight!

Matchbox

Words and Music by
Carl Lee Perkins

Melody:

Well, I'm sit - tin' here won-d'rin', would a match - box...

A7   D7   E7

Intro | **A7** | | | |

Chorus 1

      A7
Well, I'm sittin' here wond'rin',

Would a matchbox hold my clothes?

      D7
Yeah, I'm sittin' here wond'rin',

                A7
Would a matchbox hold my clothes?

   E7
I ain't__ got no matches

           A7
But I got a long way to go.

Verse 1

      A7
I'm an old__ poor boy,

Long way from home.

      D7
I'm an old__ poor boy,

       A7
Long way from home.

     E7
Guess I'll never been happy;

      A7
Ev'rything I do is wrong. Yeah.

Solo 1		A7							
		D7			A7			
		E7		D7	A7			

Verse 2

    A7
Well, let me be your little dog

Till your big dog comes.

    D7
Let me be your little dog, ah,

        A7
Till your big dog___ comes.

      E7
When the big dog gets here,

                     A
Show him what this little puppy done.

Chorus 2   *Repeat Chorus 1*

Solo 2   *Repeat Verse 1 (Instrumental)*

Chorus 3   *Repeat Chorus 1*

My Boyfriend's Back

Words and Music by Robert Feldman,
Gerald Goldstein and Richard Gottehrer

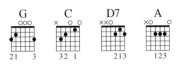

Verse 1

        G
My boyfriend's back and you're gonna be in trouble.

C   **D7**   **G**
(Hey, la-di-la, my boyfriend's back.)

When you see him comin', better cut on the double.

C   **D7**   **G**
(Hey, la-di-la, my boyfriend's back.)

You've been spreading lies that I was untrue.

C   **D7**   **G**
(Hey, la-di-la, my boyfriend's back.)

So look out now 'cause he's comin' after you.

C   **D7**   **G**
(Hey, la-di-la, my boyfriend's back.)

         C   **D7**
And he knows that you've been tryin',

G   **C**   **D7**
And he knows that you've been lyin'.

```
                    G
Verse 2            He's been gone for such a long time.

                   C       D7                    G
                   (Hey, la-di-la, my boyfriend's back.)


                   Now he's back and things will be fine.

                   C       D7                    G
                   (Hey, la-di-la, my boyfriend's back.)


                   You're gonna be sorry you were ever born.

                   C       D7                    G
                   (Hey, la-di-la, my boyfriend's back.)


                   'Cause he's kinda big and he's awful strong.

                   C       D7                    G
                   (Hey, la-di-la, my boyfriend's back.)

                           C            D7
                   And he knows about your cheatin',

                   G          C        D7
                    Now you're gonna get a beatin'.
```

Bridge	**C** What made you think he'd believe all your lies?
	G (Ah-oo, ah-oo.)
	C You're a big man now, but he'll cut you down to size!
	G (Ah-oo.)
	A **D7** Wait and see!

Verse 3	**G** My boyfriend's back, he's gonna save my reputation. **C** **D7** **G** (Hey, la-di-la, my boyfriend's back.)
	If I were you, I'd take a permanent vacation. **C** **D7** **G** (Hey, la-di-la, my boyfriend's back.)

Outro	**G** **C** **D7** **G** ‖: (La-di-la, my boyfriend's back!) :‖ *Repeat and fade*

Peggy Sue

Words and Music by Jerry Allison,
Norman Petty and Buddy Holly

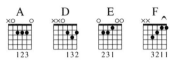

A	D	E	F
1 2 3	1 3 2	2 3 1	3 2 1 1

Intro | A   D | A   E |

Verse 1

     A   D
If you knew Peggy Sue,

     A   D   A
Then you'd know why I feel blue

        D
Without Peggy,

                 A D A
My Pa-heg-gy Sue.

           E
Oh, well, I love you gal,

              A   A D A E
Yes, I love you Peggy Sue.

Verse 2

     A   D
Peggy Sue, Peggy Sue,

     A   D   A
Oh, how my heart yearns for you,

        D
Oh, Peggy,

               A D A
My Pa-heggy Sue.

           E
Oh well, I love you gal,

            D   A D A E
Yes, I love you Peggy Sue.

Verse 3

A
Peggy Sue, Peggy Sue,

F   **A**
Pretty, pretty, pretty, pretty Peggy Sue,

      D
Oh, oh Peggy,

             A D A
My Peggy Sue.

          E
Oh well, I love you gal,

      D   **A D A E**
And I need you Peggy Sue.

Verse 4

A   **D**
I love you, Peggy Sue,

A   **D**   **A**
With a love so rare and true,

      D   **A D A**
Oh, Peggy, my Peggy Sue.

        E
Oh well, I love you gal,

      D   **A D A E**
I want you Peggy Sue.

Solo |A |D |A   D A D|A   D A |

                         |D | |A   D |A |

                         |E |D |A   D |A   E |

Verse 5   *Repeat Verse 3*

Verse 6

A   **D**
I love you, Peggy Sue,

A   **D**   **A**
With a love so rare and true,

     D   **A**   **D**   **A**
Oh, Peggy, my Peggy Sue - hue-hue-hue-hue-hue.

        E
Oh well, I love you gal,

     D   **A**
And I want you Peggy Sue.

        E
Oh well, I love you gal,

     D   **A** **D** **A**
And I want you Peggy Sue.

No Particular Place to Go

Words and Music by Chuck Berry

D+   G   C7   D7

Intro | **D+** |

Verse 1

N.C.   **G**
Riding along in my automo-bile,

N.C.   **G**
My baby beside me at the wheel.

N.C.   **C7**
I stole a kiss at the turn of a mile,

N.C.   **G**
My curiosity running wild.

N.C.   **D7**
Cruising and playing the radi-o,

N.C.   **G**
With no particular place to go.

Verse 2

N.C.   **G**
Riding along in my automo-bile,

N.C.   **G**
I was anxious to tell her the way I feel.

N.C.   **C7**
So I told her softy and sin-cere,

N.C.   **G**
And she leaned and whispered in my ear.

N.C.   **D7**
Cuddlin' more and driving slow,

N.C.   **G**
With no particular place to go.

Solo 1		G									
		C				G					
		D		C		G					

N.C.   **G**
Verse 3   No particular place to go,

      N.C.   **G**
      So we parked way out on the Koko-mo.

      N.C.   **C**
      The night was young and the moon was gold,

      N.C.   **G**
      So we both decided to take a stroll.

      N.C.   **D7**
      Can you imagine the way I felt?

      N.C.   **G**
      I couldn't unfasten her seat belt.

      N.C.   **G**
Verse 4   Riding along in my calaboose,

      N.C.   **G**
      Still trying to get her belt a loose.

      N.C.   **C**
      All the way home I held a grudge,

      N.C.   **G**
      For the safety belt that wouldn't budge.

      N.C.   **D7**
      Cruising and playing the radi-o,

      N.C.   **G**
      With no particular place to go.

Solo 2   *Repeat Solo 1 (2 times)*

Oh, Lonesome Me

Words and Music by Don Gibson

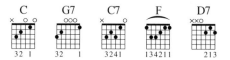

Verse 1

    C   **G7**
Ev'rybody's goin' out and havin' fun.

                                      C
I'm just a fool for stayin' home and havin' none.

                    C7   **F**
I can't get over how she set me free.

G7   **C**
Oh, lonesome me.

Verse 2

    C   **G7**
A bad mistake I'm makin' by just hangin' round.

                                    C
I know that I should have some fun and paint the town.

                    C7   **F**
A lovesick fool that's blind and just can't see.

G7   **C**
Oh, lonesome me.

Bridge

G
I'll bet she's not like me.

D7
She's out and fancy free,

G
Flirting with the boys with all her charms.

But I still love her so,

D7
And, brother, don't you know,

G   G7
I'd welcome her right back here in my arms.

Verse 3

C   G7
Well, there must be some way I can lose these lonesome blues.

C
Forget about the past and find some-body new.

C7   F
I've thought of ev'ry-thing from A to Z.

G7   C   G7   C
Oh, lonesome me.

(You've Got)
Personality

Words and Music by
Lloyd Price and Harold Logan

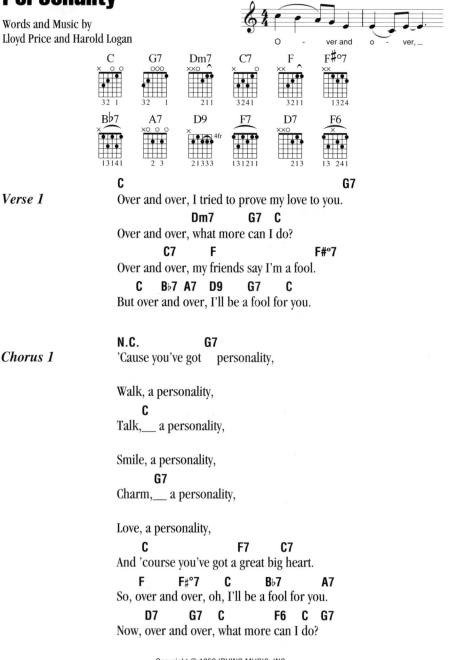

Melody:

O - ver and o - ver, __

Chords: C G7 Dm7 C7 F F#°7 Bb7 A7 D9 F7 D7 F6

Verse 1

  C   G7
Over and over, I tried to prove my love to you.

        Dm7   G7 C
Over and over, what more can I do?

      C7   F   F#°7
Over and over, my friends say I'm a fool.

  C Bb7 A7 D9 G7   C
But over and over, I'll be a fool for you.

Chorus 1

N.C.   G7
'Cause you've got   personality,

Walk, a personality,

     C
Talk,__ a personality,

Smile, a personality,

     G7
Charm,__ a personality,

Love, a personality,

          C   F7   C7
And 'course you've got a great big heart.

    F   F#°7   C   Bb7   A7
So, over and over, oh, I'll be a fool for you.

     D7   G7 C   F6 C G7
Now, over and over, what more can I do?

Verse 2

    C   **G7**
Over and over, I said that I loved you.
                   Dm7   **G7**   **C**
Over and over, honey, now it's the truth.
          C7   **F**   **F#°7**
Over and over, they still say I'm a fool.
    C   **B♭7** **A7** **D9**   **G7**   **C**
But over and over, I'll be a fool for you.

Chorus 2

    N.C.   **G7**
'Cause you've got   personality,

Walk, a personality,
     C
Talk,__ a personality,

Smile, a personality,
     G7
Charm,__ a personality,

Love, a personality,
      C   **F7**   **C7**
And 'course you've got a great big heart.
    F   **F#°7**   **C**   **B♭7**   **A7**
So, over and over, oh, I'll be a fool for you.
     D7   **G7** **C**   **F6** **C**
Now, over and over, what more can I do?

Please Mr. Postman

Words and Music by Robert Bateman, Georgia Dobbins,
William Garrett, Freddie Gorman and Brian Holland

Melody:

(Wait.) Oh yes, wait a min-ute,...

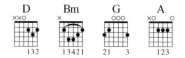

D	Bm	G	A

Intro

D
(Wait.) Oh yes, wait a minute, Mister Postman.

Bm
(Wait.) Wait, Mister Postman.

Chorus 1

D
Mister Postman look and see,

Bm
Is there a letter in your bag for me?

G
'Cause it's been a mighty long time,

A
Since I heard from this boyfriend of mine.

Verse 1

D

There must be some word today,

Bm

From my boyfriend so far away.

G

Please, Mister Postman, look and see;

A

Is there a letter, a letter for me?

D

I've been standing here waiting, Mister Postman,

Bm

So, so patiently,

G

For just a card or just a letter,

A

Saying he's returning home to me.

Chorus 2   *Repeat Chorus 1*

Verse 2

D

So many days you've passed me by;

Bm

You saw the tears standing in my eyes.

G

You wouldn't stop to make me feel better

A

By leaving me a card or a letter.

D

Please, Mister Postman, look and see;

    Bm

Is there a letter, oh yeah, in your bag for me?

    G

You know it's been so long,

    A

Yeah, since I heard from this boyfriend of mine.

Outro   *Repeat Chorus 1 till fade*

The Promised Land

Words and Music by Chuck Berry

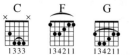

Verse 1

    C
I left my home in Norfolk, Virginia,

           F
California on my mind.

G
I straddled that Greyhound and rode him into Raleigh

         C
And on across Caroline.

We stopped in Charlotte, we bypassed Rockhill,

            F
We never was a minute late.

    G
A we was ninety miles out of Atlanta by sundown,

         C
Rollin' out of Georgia State.

We had more trouble that turned into a struggle

          F
'Halfway across Alabam',

        G
And that 'Hound__ broke down and left us all stranded

       C
In downtown Birmingham.

Solo 1   *Repeat Verse 1 (Instrumental)*

                  C
Verse 2   Right away I bought me a through train ticket,

                                             F
Ridin' 'cross Mississippi clean.

                  G
And I was on that Midnight Flyer

                                                            C
Out of Birmingham, smokin' into New Orleans.

Somebody help me get out of Lou'siana,

                                    F
Just help me get to Houston town.

                  G
There are a people there who care a little 'bout me

                                      C
And they won't let the poor boy down.

Sure as you're born they bought me a silk suit,

                        F
Put luggage in my hand,

                  G
And I woke up high over Albuquerque

                                C
On a jet to the Promised Land.

Solo 2   *Repeat Verse 1 (Instrumental)*

           C
Verse 3   A workin' on a T-bone steak a la carte,

                           F
Flyin' over to the Golden State,

            G
A when the pilot told us in thirteen minutes

                          C
He would set us at the terminal gate.

Swing low chariot, come down easy,

                   F
Taxi to the terminal zone.

G
Cut your engines and cool your wings

                       C
And let me make it to the telephone.

Los Angeles, give me Norfolk, Virginia,

                        F
Tidewater fourteen-o-nine.

        G
Tell the folks back home this is the Promised Land callin'

                    C
And poor boy's on the line.

Outro   *Repeat Verse 1 till fade (Instrumental)*

Return to Sender

Words and Music by
Otis Blackwell and Winfield Scott

Melody:

Re - turn __ to send-er,...

Eb	Cm	Fm	Bb7	Ab	Eb7	F7
1333	13421	13421	131211	134211	13141	3241

Intro

    Eb   Cm
Return to sender,

Fm   Bb7
Return to sender.

Verse 1

    Eb   Cm
I gave a letter to the postman;

Fm   Bb7
He put it in his sack.

    Eb   Cm
Bright and early next morning

Fm   Bb7   Eb N.C.
He brought my letter back.

She wrote upon it:

Chorus 1

    Ab   Bb7
Return to sender,

    Ab   Bb7
Address un-known.

    Ab   Bb7
No such number,

    Eb   Eb7
No such zone.

ROCK 'n' ROLL

	Ab	Bb7
Bridge 1	We had a quarrel,	

Ab   Bb7

A lover's spat.

F7

I write I'm sorry but my

               Bb7

Letter keeps coming back.

Verse 2

Eb   Cm

So then I dropped it in the mailbox

Ab   Bb7

And sent it Special D.

Eb   Cm

Bright and early next morning,

Fm   Bb7   Eb N.C.

It came right back to me.

She wrote upon it:

Chorus 2

Ab   Bb7

Return to sender,

Ab   Bb7

Address un-known.

Ab   Bb7

No such person,

Eb   Eb7

No such zone.

Bridge 2

A♭

This time I'm gonna take it myself

E♭

And put it right in her hand.

F7

And if it comes back the very next day,

B♭7 N.C.

Then I'll understand the writing on it.

Chorus 3

A♭   **B♭7**

Return to sender,

A♭   **B♭7**

Address un-known.

A♭   **B♭7**

No such number,

E♭

No such zone.

Outro

‖:   **A♭**   **B♭7**

Return to sender. :‖   *Repeat and fade*

Rock and Roll Is Here to Stay

Words and Music by David White

Melody:

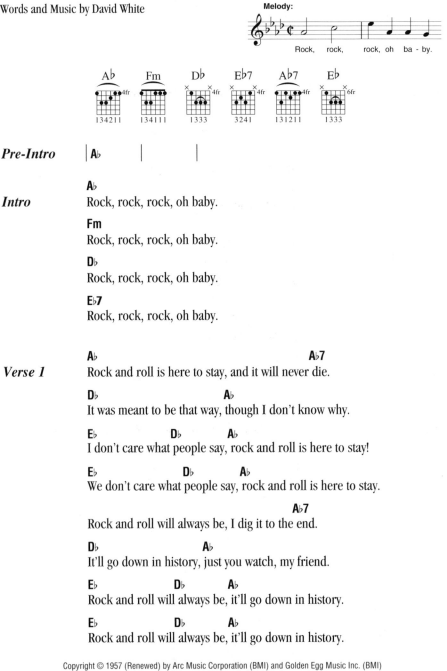

Rock, rock, rock, oh ba - by.

Pre-Intro | **A♭** | | |

Intro

A♭
Rock, rock, rock, oh baby.

Fm
Rock, rock, rock, oh baby.

D♭
Rock, rock, rock, oh baby.

E♭7
Rock, rock, rock, oh baby.

Verse 1

A♭   **A♭7**
Rock and roll is here to stay, and it will never die.

D♭   **A♭**
It was meant to be that way, though I don't know why.

E♭   **D♭**   **A♭**
I don't care what people say, rock and roll is here to stay!

E♭   **D♭**   **A♭**
We don't care what people say, rock and roll is here to stay.

                                               A♭7
Rock and roll will always be, I dig it to the end.

D♭   **A♭**
It'll go down in history, just you watch, my friend.

E♭   **D♭**   **A♭**
Rock and roll will always be, it'll go down in history.

E♭   **D♭**   **A♭**
Rock and roll will always be, it'll go down in history.

Chorus 1

A♭
Ev'rybody rock, ev'rybody rock,   **A♭7**

D♭   **A♭**
Ev'rybody rock, ev'rybody rock.

E♭   **D♭** **A♭**
Come on, ev'rybody rock and roll.

Ev'rybody rock and roll.

Ev'rybody rock and roll.

          D♭
Ev'rybody rock and roll.

          A♭
Ev'rybody rock and roll.

E♭   **D♭** **A♭**
Come on, ev'rybody rock and roll.

Verse 2

A♭
If you don't like rock and roll, just think what you've been missin',   **A♭7**

     D♭   **A♭**
But if you like to bop and stroll, walk around and listen.

E♭   **D♭**   **A♭**
Let's all start to rock and roll, ev'rybody rock and roll.

E♭   **D♭**   **A♭**
We don't care what people say, rock and roll is here to stay.

                              A♭7
Rock and roll will always be, I dig it to the end.

D♭   **A♭**
It'll go down in history, just you watch, my friend.

E♭   **D♭**   **A♭**
Rock and roll will always be, it'll go down in history.

E♭   **D♭**   **A♭**
Rock and roll will always be, it'll go down in history.

Chorus 2   *Repeat Chorus 1 till fade*

Rock Around the Clock

Words and Music by
Max C. Freedman and Jimmy DeKnight

Melody:

One, two, three o'-clock, four o'-clock rock.

A   E7   D9

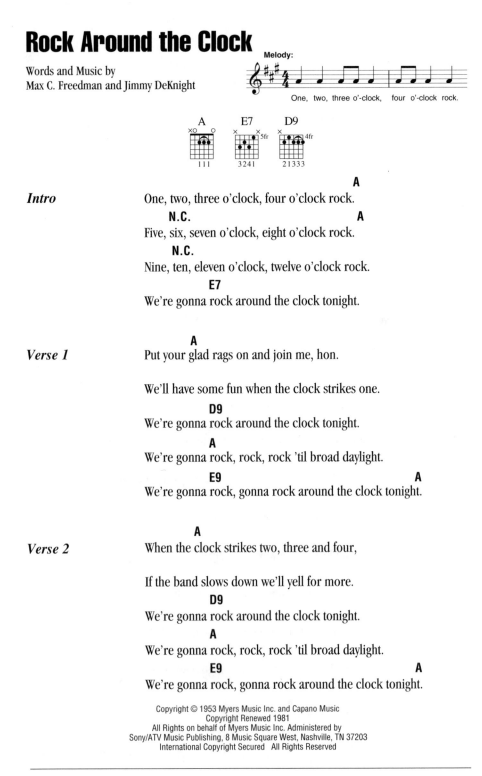

Intro

                                           A
One, two, three o'clock, four o'clock rock.
   N.C.   **A**
Five, six, seven o'clock, eight o'clock rock.
   N.C.
Nine, ten, eleven o'clock, twelve o'clock rock.
         E7
We're gonna rock around the clock tonight.

Verse 1

         A
Put your glad rags on and join me, hon.

We'll have some fun when the clock strikes one.
   D9
We're gonna rock around the clock tonight.
   A
We're gonna rock, rock, rock 'til broad daylight.
   E9   **A**
We're gonna rock, gonna rock around the clock tonight.

Verse 2

         A
When the clock strikes two, three and four,

If the band slows down we'll yell for more.
   D9
We're gonna rock around the clock tonight.
   A
We're gonna rock, rock, rock 'til broad daylight.
   E9   **A**
We're gonna rock, gonna rock around the clock tonight.

Solo   *Repeat Verse 1 (Instrumental)*

A

Verse 3   When the chimes ring five and six and seven

We'll be right in seventh heav'n.

D9

We're gonna rock around the clock tonight.

A

We're gonna rock, rock, rock 'til broad daylight.

E9   **A**

We're gonna rock, gonna rock around the clock tonight.

A

Verse 4   When it's eight, nine, ten, eleven too,

I'll be goin' strong and so will you.

D9

We're gonna rock around the clock tonight.

A

We're gonna rock, rock, rock 'til broad daylight.

E9   **A**

We're gonna rock, gonna rock around the clock tonight.

A

Verse 5   When the clock strike twelve, we'll cool off then,

Start a rockin' 'round the clock again.

D9

We're gonna rock around the clock tonight.

A

We're gonna rock, rock, rock 'til broad daylight.

E9   **A**

We're gonna rock, gonna rock around the clock tonight.

A Rose and a Baby Ruth

Words and Music by John D. Loudermilk

Melody:

Do, do, do, do, do. __

A   D7   A7   Dm   F#7   B7   E7   D

Intro 1

    A   D7
    Do, do, do, do, do.

    A   D7
    Do, do, do, do, do.

Verse 1

    A   D7   A   D7
    We had a quarrel,   a teenage quarrel.

    A   A7
    Now I'm as blue as I know how to be.

  D7   Dm   A   F#7
  I can't call you   on the phone.

  B7   E7
  I can't even see you at your home.

Verse 2

    A   D7   A   D7
    So I'm sending   you this present

    A   A7
    Just to prove that I'm telling the truth.

  D7   Dm   A   F#7
  Dear, I be-lieve you won't laugh when you re-ceive

    B7   E7   A   D7
This rose and a Baby Ruth.

    A   D7
    Do, do, do, do, do.

    A   D7
    Do, do, do, do, do.

    A7
    Ah.

Bridge

    D   **Dm**
    I could have sent you

    A   **F♯7**
An orchid of some kind,

B7
    But that's all I had in my

E7
Jeans at the time.

Verse 3

A   **D7**
    But when we grow up,

A   **D7**
    Someday I'll show up,

A   **A7**
    Just to prove I was telling the truth.

D7   **Dm**
    I'll kiss you, too,

    A   **F♯7**
Then I'll hand to you

    B7   **E7** **A**   **D7**
This rose and a Baby Ruth.

A   **D7**
    Do, do, do, do, do.

A   **D7**
    Do, do, do, do, do.

D **A**
Oo.

Runaway

Words and Music by
Del Shannon and Max Crook

Melody:

As I ___ walk a - long ___ I ___

(Capo 1st fret)

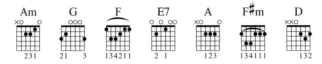

Am   G   F   E7   A   F#m   D

Intro |**Am** | |

Verse

    Am   **G**
    As I walk along I wonder

                         F
    A what went wrong with our__ love,

                      E7
    A love that was so strong.

    Am
        And as I still walk on,

    G   **F**
    I think of the things we've done togeth - er,

                    E7
    A while our hearts were young.

Chorus 1

    A
I'm a walkin' in the rain.

    F♯m
Tears are fallin' and I feel the pain.

    A
A wishin' you were here by me

    F♯m
To end this misery.

          A   **F♯m**
And I won - der, I wo-wo-wo-wo-wonder

A   **F♯m**
Why, a why-why-why-why-why she ran away,

    D   **E7**
And I wonder a where she will stay,

       A   **D**   **A**   **E7**
My little runaway, a run-run-run-run-runaway.

Solo   *Repeat Verse 1 (Instrumental)*

Chorus 2   *Repeat Chorus 1*

              D   **A**
Outro   ‖: A run-run-run-run-runaway. :‖   ***Repeat and fade***

Sea of Love

Words and Music by
George Khoury and Philip Baptiste

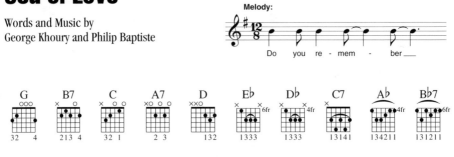

Melody:

Do you re - mem - ber ___

| G | B7 | C | A7 | D | E♭ | D♭ | C7 | A♭ | B♭7 |

Verse 1

G   B7
Do you remember when we met?

C   A7
  That's the day I knew you were my pet.

G
I want to tell you

A7   G   C G
  Just how much I love you.

Verse 2

G   B7
Come with me, my love

C   A7
  To the sea, the sea of love.

G
I want to tell you

A7   G   C G
  Just how much I love you.

Chorus 1	**D** **C** Come with me

D   **C**
To the sea

B7 D
Of love.

Verse 3   *Repeat Verse 1*

Chorus 2

E♭   **D♭**
Come with me

E♭   **D♭**
To the sea

C7 E♭
Of love.

A♭
Come with me,

C7
My love,

D♭
    To the sea,

  B♭7
The sea of love.

A♭
I want to tell you

B♭7   **A♭**   **D♭** **A♭**
    Just how much I love you.

I want to tell you,

B♭7
Oh, how much

  A♭   **D♭** **A♭**
I love you.

Searchin'

Words and Music by
Jerry Leiber and Mike Stoller

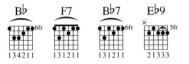

Intro

      Bb
Gonna find her.

F7   **Bb**
Gonna find her.

F7   **Bb**
Gonna find her.

F7   **Bb**
Gonna find her.

Chorus 1

       F7   **Bb**
Yes, I've been searchin'.

     F7   **Bb**   **Bb7**
I've been searchin'.

     Eb9   **Bb**   **Bb7**
Oh yeah, searchin' ev'ry which a way,__ yeah, yeah.

     Eb9
Oh yes, searchin',

Searchin',

Bb   **Eb**   **Bb**
Searchin' ev'ry which a way,__ yeah, yeah.

         F7
But I'm like the Northwest Mountie;

Bb N.C.   **F7**   **Bb**
   You know I'll bring her in some-day.
                        (Gonna find her.)

     F7   **Bb**
(Gonna find her.)

Verse 1

         B♭
Well, now, if I have to swim a river,

You know I will.

And if I have to climb a mountain,

You know I will.

And if she's hiding up on a blueberry hill
E♭9
Am I gonna find her?

       B♭
Child, you know I will.

Chorus 2

          E♭9
'Cause I've been searchin'.

Oh, yeah, searchin'.

My goodness,

B♭   **E♭9**   **B♭**
Searchin' ev'ry which a way,__ yeah, yeah.

          F7
But I'm like the Northwest Mountie;

B♭ N.C.   **F7** **B♭**
  You know I'll bring her in some-day.
               (Gonna find her.)

  F7   **B♭**
(Gonna find her.)

	B♭
Verse 2	Well, Sherlock Holmes, Sam Spade

Got nothing, child, on me.

Sergeant Friday, Charlie Chan

And Boston Blackie.

No matter where she's hiding,

She's gonna hear me coming.

E♭9
I'm gonna walk right down that street

      B♭
Like Bulldog Drummond.

      E♭9

Chorus 3 'Cause I've been searchin'.

Oh, Lord, searchin'.

    B♭   **E♭9**   **B♭**
Mm, child, searchin' ev'ry which a way,__ yeah, yeah.

        F7
But I'm like the Northwest Mountie;

B♭ N.C.   **F7** **B♭**
  You know I'll bring her in some-day.
                      (Gonna find her.)

F7   **B♭**
(Gonna find her.)

Shout

Words and Music by O'Kelly Isley,
Ronald Isley and Rudolf Isley

Melody:

Now, wait _____ a min - ute...

(Capo 1st fret)

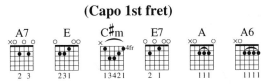

A7   E   C♯m   E7   A   A6

Intro
>   **A7**
>   Now, wait a minute...

Chorus 1
>   **N.C.**
>   You know you make me wanna
>
>   **E**
>   (Shout!) Kick my heels up and
>
>   **C♯m**
>   (Shout!) Throw my hands up and
>
>   **E**
>   (Shout!) Throw my head back and
>
>   **C♯m**
>   (Shout!) Come on, now.
>
>   **E**   **C♯m**
>   Don't forget to say you will.
>
>   **E**   **C♯m**
>   Don't forget to say yeah, yeah, yeah, yeah, yeah.
>
>   **E**   **C♯m**   **E**
>   (Say you will.) Say it right now, ba - by.
>
>   **C♯m**
>   (Say you will.) Come on, come on.
>
>   **E**   **C♯m**   **E**
>   (Say you will.) Say it right now, ba - by.
>
>   **C♯m**
>   (Say you will.) Come on.
>
>   **E**
>   (Say!) Say that you love me.

C#m
(Say!) Say that you need me.

E
(Say!) Say that you want me.

C#m
(Say!) You wanna please me.

E
(Say!) Come on now.

C#m
(Say!) Come on now.

E
(Say!) Come on now.

C#m   N.C.
(Say!)

          E

Verse 1   I still re-member

                    C#m
When I used to be nine years old,___ hey, hey.

      E
I was a fool

                C#m
From the bottom of my soul.

        E
Hey. Now that I've found you,

         C#m
I will never let you go.___ No, no.

       E
And if you ev - er leave me

        C#m
You know it's gonna hurt me, hurt me so.

Verse 2

            E7 A E7
I want you to know,

          A6   **E7**   **A E7**
I said, I want you to know right now.

      A6 **E7** **A**
You been good to me.

E7   **A6** **E7** **A E7**
Much better than I've been to my - self.

       A6   **E7**
And if you ev-er leave__ me,

A E7   **A6** **E7 A E7**
I don't want nobod-y else.

      A6 **E7** **A** **E7**
I said I want you to know,

        A6   **E7**   **A** **E7**
I said I want you to know right now...

Chorus 2

N.C.
You know you make me wanna

E
(Shout!) Kick my heels up and

C♯m
(Shout!) Throw my hands up and

E
(Shout!) Throw my head back and

C♯m
(Shout!) Come on, now.

E   **C♯m**
Don't forget to say you will.

E   **C♯m**
Don't forget to say yeah, yeah, yeah, yeah, yeah.

E   **C♯m**   **E**
  (Say you will.) Say it right now, ba - by.

      C♯m
(Say you will.) Come on, come on.

E   **C♯m**   **E** **N.C.**
  (Say you will.) Say it right now, ba - by.

Interlude 1

    E

Now, wait a minute,

I feel alright.

A7

Now that I've got my woman

I feel alright.

You've been so good to me,

You've been so good to me.

Chorus 3

N.C.

You know you make me wanna

E

(Shout!) Kick my heels up and

C♯m

(Shout!) Throw my hands up and

E

(Shout!) Throw my head back and

C♯m

(Shout!) Come on, now.

E   **C♯m**

Don't forget to say you will.

E   **C♯m**

Don't forget to say yeah, yeah, yeah, yeah, yeah.

Interlude 2

       E
‖:   A little bit softer now.

   C♯m
        A little bit softer now. :‖ *Play 7 times*

E
        A little bit louder now.

C♯m
        A little bit louder now.

E
        A little bit louder now.

C♯m
        A little bit louder now.

Outro

E   **C♯m**
Hey, hey.

         E
(Hey, hey.)

     C#m
Hey.

     E
(Hey.)

    E
‖:   Come on, now.

C♯m
        Come on, now. :‖

E
(Shout.)

E7
Yeah.

Shake, Rattle and Roll

Words and Music by Charles Calhoun

Melody:

Get out from that kitch-en and...

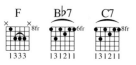

F   Bb7   C7

Intro
| F | | | | | |

Verse 1

    F
Get out from that kitchen and rattle those pots and pans.

  Bb7   **F**
Get out from that kitchen and rattle those pots and pans.

  C7   **F**
Well, roll my breakfast, 'cause I'm a hungry man.

Chorus 1

      F
I said, shake, rattle and roll.

I said, shake, rattle and roll.

    Bb7
I said, shake, rattle and roll.

     F
I said, shake, rattle and roll.

        C7   **F**
Well, you never do nothin' to save your doggone__ soul.

Verse 2

  F
Wearin' those dresses, your hair done up so nice.

Bb7   **F**
Wearin' those dresses, your hair done up so nice.

C7   **F**
You look so warm, but your heart is cold as ice.

Chorus 2	*Repeat Chorus 1*
Solo	*Repeat Verse 1 (Instrumental)*

                                F

Verse 3   I'm like a one-eyed cat, peepin' in a seafood store.

                                Bb7   F

        I'm like a one-eyed cat, peepin' in a seafood store.

                              C7   F

        I can look at you, tell you don't love me no more.

                                F

Verse 4   I be-lieve you're doin' me wrong and now I know.

                                Bb7

        I be-lieve you're doin' me wrong and now I know.

                              C7   F

        The more I work, the faster my money goes.

                                F

Chorus 3   I said, shake, rattle and roll.

        I said, shake, rattle and roll.

                                Bb7

        I said, shake, rattle and roll.

                                F

        I said, shake, rattle and roll.

                                C7   F

        Well, you never do nothin' to save your doggone__ soul.

        Shake, rattle and roll.

Silhouettes

Words and Music by
Frank C. Slay Jr. and Bob Crewe

Melody:

Took a walk and passed your house late last...

F	Dm	Gm	C7	D7	G	Em	Am	E7
3211	231	2 333	3241	213	21 3	23	231	2 1

Verse 1

       F   Dm   Gm C7   F
Took a walk and passed your house late last night,

       Dm   Gm C7   F
All the shades were pulled and drawn way down tight;

       Dm   Gm
From with-in a dim light cast

      C7   F
Two silhouettes on the shade,

        Dm Gm   C7
Oh, what a lovely couple they made.

Verse 2

 F   Dm   Gm C7   F
Put his arms around your waist, held you tight,

      Dm   Gm C7 F
Kisses I could almost taste in the night,

        Dm   Gm
Wondered why I'm not the guy

      C7   F
Whose silhouette's on the shade.

        Dm   Gm C7 F C7
I couldn't hide the tears in my eyes.

Interlude

```
 F      Dm   Gm   C7    F      D7     Gm C7 F D7
|Ah.         |           |             |              |
```

Verse 3

```
 G        Em                Am  D7   G
    Lost con-trol, and rang your bell, I was sore,

           Em          Am  D7      G
   "Let me in or else I'll beat down your door."

           Em              Am
   When two strangers, who had been

        D7              G
   Two silhouettes on the shade

           Em            Am   D7
   Said to my shock, "You're on the wrong block."
```

Verse 4

```
 G          Em              Am  D7   G
    Rushed down to your house with wings on my feet,

        Em          Am  D7     G
   Loved you like I've never loved you, my sweet,

           Em            Am
   Vowed that you and I would be

        D7              G
   Two silhouettes on the shade.

              Em
   All of our days,

           Am      D7   G    D7
   Two silhouettes on the shade.
```

Outro

```
 G    Em   Am   D7    G    E7    Am    D7
|   Ah.    |          |          |              |

 G    Em   Am   D7    G    E7    Am D7 G
|   Ah.    |          |          |              |
```

Sincerely

Words and Music by
Alan Freed and Harvey Fuqua

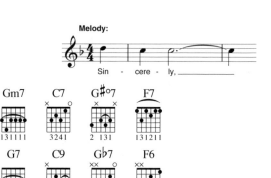

Verse 1

|F|Dm7|
Sin-cerely,

|Gm7|C7|F|Dm7|
  Oh, yes, sin-cerely,

|Gm7|C7|F|Dm7|
  'Cause I love you so dearly.

|Gm7|C7|F|Dm7|Gm7|C7|
  Please say you'll be mine.

|F|Dm7|
Sin-cerely,

|Gm7|C7|F|Dm7|
  Oh, you know how I love you.

|Gm7|C7|F|Dm7|
  I'll do anything for you;

|Gm7|C7|F|Gm7|G#°7|F7|
  Please say you'll be mine.

Bridge

B♭   **B♭m6**
Oh, Lord, won't you tell me why

F   **F7**
I love that fella so?

G7
He doesn't want me.

         C9
Oh, I'll never, never, never, never let him go.

Verse 2

     F   **Dm7**
Sin-cerely,

Gm7   **C7**   **F**   **Dm7**
Oh, you know how I love you.

Gm7   **C7**   **F**   **Dm7**
I'll do anything for you;

Gm7   **C7**   **F**   **Dm7**   **Gm7** **G♭7 F6**
Please say you'll be mine.

Singing the Blues

Words and Music by Melvin Endsley

(Capo 1st fret)

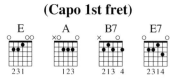

Verse 1

    E   **A**
Well, I never felt more like singing the blues

    E
'Cause I never thought

B7   **A**
That I'd ever lose your love, dear.

B7   **E**
Why'd you do me this way?

Verse 2

    E   **A**
Well, I never felt more like crying all night

    E
'Cause ev'rything's wrong

B7   **A**
And nothin' ain't right with-out you.

B7   **E**   **E7**
You got me singing the blues.

Bridge

                  A   E
          The moon and stars no longer shine,

                  A   E
          The dream is gone I thought was mine.

                    A   E
          There's nothing left for me to do

                            B7
          But cry over you.

Verse 3

                  E   A
          Well, I never felt more like running away,

                  E
          But why should I go

                  B7   A
          'Cause I couldn't stay with-out you.

          B7   E   A   E
              You got me singing the blues.

Sixteen Candles

Words and Music by
Luther Dixon and Allyson R. Khent

Six - teen   can - dles

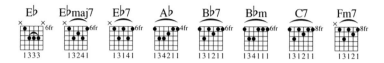

| Eb | Ebmaj7 | Eb7 | Ab | Bb7 | Bbm | C7 | Fm7 |

Verse 1

　　　　　　Eb　　Ebmaj7　Eb7　　　　　　　　Ab
Sixteen candles　　　　make a lovely light,

　　　Bb7　　　　　　　　Eb
But not as bright as your eyes to-night.

　　　Bb7　Eb　Ebmaj7　Eb7　　　　　　　　　　Ab
Blow out the candles,　　　make your wish come true,

　　　Bb7　　　　　　　　Eb　Ab　Eb
For I'll be wishing that you love me too.

Bridge

　　　　　Eb7　Ab
You're only sixteen,

　　　　　　　　Bb7　　Eb
But you're my teenage queen.

　　　　　Bbm　　　C7
You're the prettiest, loveliest

Bbm　　C7　Fm7　　　Bb7
Girl I've ever seen.

Verse 2

　　　　　Eb　Ebmaj7　Eb7　　　　　　Ab
Sixteen candles　　　　in my heart will glow

　　　　Bb7　　　　　　Eb　Ab　Eb
For ever and ever, for I love you so.

Slippin' and Slidin'

Words and Music by Richard Penniman,
Edwin Bocage, Albert Collins and James Smith

A slip-pin' and a slid - in', a   peep-in' and a...

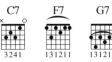

C7	F7	G7	

Intro

C7				
F7		C7		
G7	F7	C7	G7	

Chorus 1

C7
A-slippin' and a-slidin',

A-peepin' and a-hidin',

Been told a long time ago.

F7
Woo, slippin' and slidin',

A-peepin' and a-hidin',

C7
Been__ told a long time ago.

G7
Baby, I been told,

F7
Baby, you been bold.

C7   **G7**
I won't be your fool no more.

Verse 1

         C7
Now, a ho, big conniver,

He's nothin' but a jiver.

I done got hip to your jive.

         F7
Now, a ho, big conniver,

He's nothin' but a jiver.

   C7
I done got hip to your jive.

G7
Slippin' and a-slidin',

     F7
Peep-in' and a-hidin',

       C7   **G7**
Won't be your fool no more.

Chorus 2   *Repeat Chorus 1*

Solo 1   *Repeat Verse 1 (Instrumental)*

	C7
Verse 2	Well, a old Malinda,

She's a solid sinner.

You know you better surrender.

   F7
Now, old Malinda,

She's a solid sinner.

C7
You know you better surrender.

G7
Slippin' and a-slidin',

   F7
Peep-in' and a-hidin',

     C7   **G7**
Won't be___ your fool no more.

Chorus 3   *Repeat Chorus 1*

Solo 2   *Repeat Verse 1 (Instrumental) till fade*

Splish Splash

Words and Music by
Bobby Darin and Murray Kaufman

Splish splash, I was tak - in' a bath __

C   D   G   C7   F   F#°7   G7   F7

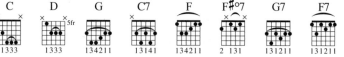

1333   1333   134211   13141   134211   2 131   131211   131211

Verse 1

C N.C.
Splish splash, I was taking a bath

C
Long about a Saturday night. Yeah!

A rub dub, just relaxin' in the tub,

D   G
Thinkin' ev'rything was alright.

     C N.C.   C7 N.C.
Well, I stepped out the tub, I put my feet on the floor,

F N.C.   F#°7 N.C.
I wrapped the towel around me and I opened the door.

    C N.C.   G7 N.C.
And then a   splish splash, I jumped back in the bath.

    C N.C.   G
Well, how was I to know there was a party goin' on?

	C
Chorus 1	They was a splishin' and a splashin',

Reelin' with the feelin',

Movin' and a groovin',

Rockin' and a rollin'.

Solo 1

F7		C		
G	F	C	G	

Verse 2

C N.C.
   Bing bang, I saw the whole gang

C
Dancin' on my livin' room rug. Yeah!

Flip flop, they was doin' the bop,

     D   G
All the teens had the dancin' bug.

          C N.C.   C7 N.C.
There was Lollipop a with a   Peggy Sue.

        F N.C.   F#°7 N.C.
Good golly, Miss Molly was a even there too!

        C   N.C.   G7 N.C.
A well a   splish splash, I for-got about the bath.

   C N.C.   C
I went and put my dancin' shoes on, yeah.

	C
Chorus 2	I was a rollin' and a strollin',
	Reelin' with the feelin',
	Movin' and a groovin',
	Splishin' and a splashin'.
Solo 2	*Repeat Solo 1*
	C
Chorus 3	Yes, I was a splishin' and a splashin',
	I was a rollin' and a strollin'.
	F7
	Yeah, I was a movin' and a groovin'.
	C
	Woo! We was a reelin' and a strollin'.
	G
	Ha! We was a rollin' and a strollin',
	F
	Movin' with the groovin',
	C
	Splish splash.

Stagger Lee

Words and Music by
Lloyd Price and Harold Logan

Melody:

The night was clear and the moon was yel-low, —

Bb   Gm   Cm   F7   Eb7

134211 134111 13421 131211 13141

Intro

        Bb   Gm
The night was clear and the moon was yellow,

        Cm   F7 Bb
And the leaves came tum-bling down.

Verse 1

F7 Bb   Bb7
I was standing on the corner

      Eb7
When I heard my bulldog bark.

     Bb
He was barking at the two men

      F7   Bb
Who were gambling in the dark.

        F7 Bb7
It was Stagger Lee and Billy,

     Eb7
Two men who gamble late.

     Bb
Stagger Lee threw seven,

     F7   Bb   F7
Billy swore that he threw eight.

Verse 2

     B♭   **B♭7**
Stagger Lee told Billy,

    E♭7
"I can't let you go with that.

     B♭
You have won all my money

   F7   **B♭** **F7**
And my brand new Stetson hat."

   B♭ **F7** **B♭7**
Stagger Lee went home,

   E♭7
And he got his forty-four.

    B♭
Said, "I'm going to the barroom

 F7   **B♭**
Just to pay that debt I owe."

Verse 3

    B♭   **B♭7**
Stagger Lee went to the barroom,

    E♭7
And he stood across the barroom door.

    B♭
Said, "Now, nobody move."

 F7   **B♭**   **F7**
And he pulled his forty-four.

   B♭7 **F7** **B♭7**
"Stagger Lee," cried Billy,

   E♭7
"Oh, please don't take my life.

   B♭
I got three little children

 F7   **B♭**
And a very sickly wife."

Verse 4

       B♭   **B♭7**
Stagger Lee shot Billy,

    E♭7
Oh, he shot that poor boy so bad,

    B♭
'Til the bullet came through Billy,

    F7   **B♭**
And it broke the bartender's glass.

    F7
Look out now.

Outro

B♭
Go, Stagger Lee.

B♭7
Go, Stagger Lee.

E♭7
Go, Stagger Lee.

Go, Stagger Lee.

B♭
Go, Stagger Lee.

F7
Go, Stagger Lee.

B♭
Go, Stagger Lee.

Go.

Stand by Me

Words and Music by Ben E. King,
Jerry Leiber and Mike Stoller

Melody:

When the night___

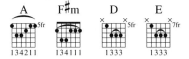

Intro

| A | | | F#m | | |
| D | E | A | | |

Verse 1

          A   **F#m**
When the night__ has come   and the land is dark

           D   **E**   **A**
And the moon__ is the on - ly light we'll see.

              F#m
No, I won't be afraid, oh, I won't be afraid

        D   **E**
Just as long__ as you stand,

       A
Stand by__ me.

Chorus 1   So darling, darling,

A
Stand by me.

        F♯m
Oh, stand___ by me.

      D
Oh, stand,

E
  Stand by me.

A
  Stand by me.

        A   F♯m

Verse 2   If the sky___ that we look upon   should tumble and fall

              D   E   A
Or the moun-tain should crumble to the sea,

               F♯m
I won't cry, I won't cry. No, I won't shed a tear

      D   E
Just as long___ as you stand,

        A
Stand by___ me.

Chorus 2   *Repeat Chorus 1*

Chorus 3   *Repeat Chorus 1 till fade*

Surfin' U.S.A.

Words by Brian Wilson
Music by Chuck Berry

Melody:

If ev-'ry-bod-y had an o - cean...

(Capo 1st fret)

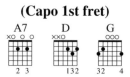

A7   D   G

Verse 1

N.C.   A7 N.C.   D
If everybody had an ocean   across the U.S.A.

N.C.   A7   N.C.   D
Then ev'rybody'd be surfin',   like California.

N.C.   G
You'd see them wearin' their bag - gies,

N.C.   D
Huarachi sandals too.

N.C.   A7
A bushy, bushy blond hairdo,

G N.C.   D
Surfin' U.S.A.

                A7   D
You'll catch 'em surfin' at Del Mar, Ventura County Line,

          A7   D
Santa Cruz and Tressels, Australia's Narabine,

        G   D
All over Man-hattan and down Doheny way.

        A7 G N.C.   D
Ev'rybody's gone surfin', surfin' U.S.A.

Verse 2

N.C.   A7
We'll all be plannin' out a route

N.C.   D
We're gonna take real soon,

N.C.   A7
We're waxing down our surf boards,

N.C.   D
We can't wait for June.

N.C.   G
We'll all be gone for the sum - mer,

N.C.   D
We're on safari to stay.

N.C.   A7
Tell the teacher we're surfin',

G N.C.   D
Surfin' U.S.A.

                 A7   D
At Haggarty's and Swami's, Pacific Palisades,

                 A7   D
San Onofre and Sunset Redondo Beach, L.A.

                 G   D
All over La Jol - la, and at Waiamea Bay.

                 A7
Ev'rybody's gone surfin',

G N.C.   D
Surfin' U.S.A.

Outro

                 A7
‖: Ev'rybody's gone surfin',

G N.C.   D
Surfin' U.S.A.   :‖   *Repeat and fade*

Take Good Care of My Baby

Words and Music by
Gerry Goffin and Carole King

Melody:

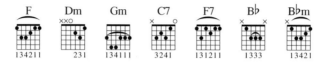

My tears are fall - in'...

F   Dm   Gm   C7   F7   B♭   B♭m
134211   231   134111   3241   131211   1333   13421

Intro

      F   Dm
My tears are fallin'

          Gm   C7
'Cause you're takin' her a-way,

        F   Dm
And though it really hurts me so,

        Gm   C7
There's somethin' that I gotta say...

Verse 1

     F   Dm   Gm C7
Take good care of my   ba-by,

     F   Dm   Gm C7
Please don't ever make her blue.

     F   F7
Just tell her that you love her,

  B♭   B♭m
Make sure you're thinkin' of her

     F   Dm   Gm C7
In ev'y-thing you say and do.

Verse 2

```
     F           Dm        Gm    C7
     Take good care of my     ba - by,

     F           Dm            Gm    C7
     Don't you ever make her cry.

     F              F7
     Just let your love surround her,

     B♭              B♭m
     Paint a rainbow all around her.

     F              Dm   C7    F
     Don't let her see a cloudy sky.
```

Bridge

```
     Gm          C7
     Once upon a time

         F           Dm
     That little girl was mine.

     Gm     C7
     If I'd been true,

         F        Dm   Gm    C7
     I know she'd never be with you.
```

Verse 3

```
         F           Dm        Gm    C7
     So    take good care of my    ba - by,

     F           Dm            Gm    C7
     Be just as kind as you can be.

     F              F7
     And if you should discover

     B♭              B♭m
     That you don't really love her,

     F           Dm       Gm    C7 F
     Just send my baby back home to me.
```

Tears on My Pillow

Words and Music by
Sylvester Bradford and Al Lewis

Melody:

Ooh,

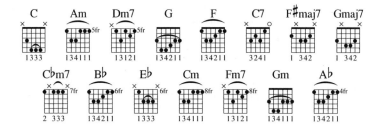

| C | Am | Dm7 | G | F | C7 | F#maj7 | Gmaj7 |

| C♭m7 | B♭ | E♭ | Cm | Fm7 | Gm | A♭ |

Intro

    C **Am**
    Oo,

    Dm7 **G**
    Oo.

Verse 1

    C   **Am**
    You don't re-member me,

    Dm7   **G**
    But I re-member you.

    C   **Am**
    'Twas not so long ago

    Dm7   **G**
    You broke my heart in two.

    F   **G**   **F**   **G**
    Tears on my pillow, pain in my heart,

               C **Am** **Dm7** **G**
    Caused by___ you.

Verse 2

```
C          Am
   If we could start anew,
Dm7        G
   I wouldn't hesitate.
C          Am
   I'd gladly take you back
Dm7          G
   And tempt the hand of fate.
F          G    F      G
   Tears on my pillow, pain in my heart,
              C    F    C    C7
Caused by__ you.
```

Bridge

```
F    G    C
Love is not a gadget,
F    G    C
Love is not a toy.
F#maj7          Gmaj7
When you find the one you love
      F#maj7          Cbm7  Bb
She'll fill your heart with joy.
```

Verse 3

```
Eb         Cm
   If we could start anew,
Fm7        Bb
   I wouldn't hesitate.
Gm         Cm
   I'd gladly take you back
Fm7          Bb
   And tempt the hand of fate.
Ab           Bb    Ab Fm7  Bb
   Tears on my pillow, pain in my heart,
              Eb   Cm   Fm7   Bb
Caused by__ you.
```

Outro

```
||: Eb    | Cm    | Fm7    | Bb    :||   Repeat and fade
```

Teen Angel

Words and Music by Jean Surrey

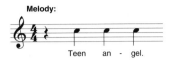

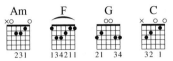

Am	F	G	C
231	134211	21 34	32 1

Intro

N.C.
Teen angel.

Am
Teen angel.

F   **G**
Teen angel, oo.

Verse 1

C   **F**
That fateful night   the car was stalled

C   **F**
Upon the railroad track.

C   **F**
I pulled you out and we were safe,

   G   **C**
But you went running back.

Chorus 1

C   **G**
Teen angel,   can you hear me?

          C
Teen angel,   can you see me?

            F
Are you somewhere up above,

   G   **C**
And am I still your own true love?

Verse 2

C   F
What was it you   were looking for

C   F
That took your life that night?

C   F
They said they found my high school ring

G   C
Clutched in your fingers tight.

Chorus 2   *Repeat Chorus 1*

Verse 3

C   F
Just sweet sixteen,   and now you're gone;

C   F
They've taken you a-way.

C   F
I'll never kiss your lips again;

G   C
They buried you to-day.

Chorus 3   *Repeat Chorus 1*

Outro

C   Am
Teen angel,   teen angel,

F   G C
Answer me, please.

A Teenager in Love

Words and Music by
Doc Pomus and Mort Shuman

Melody:

(Ooh, _____

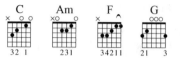

	C	Am	F	G
	32 1	231	34211	21 3

Intro

        C   Am
(Oo,

          F   G
Wah-oo.)

Verse 1

     C   **Am**
     Each time we have___ a quarrel,

F   **G**
     It almost breaks my heart,

C   **Am**
     'Cause I'm so afraid

F   **G**
     That we will have___ to part.

C   **Am**   **F**   **G**
     Each night I ask the stars up above,

C N.C.
     Why must I be a teenager in love?

Verse 2

C   Am
One day I feel__ so happy,
F   G
Next day I feel so sad.
C   Am
I guess I'll learn to take
F   G
The good with the bad.
C   Am   F   G
Each night I ask the stars up above,
C N.C.
Why must I be a teenager in love?

Bridge 1

F   G
I cried a tear
F   G
For nobody but you.
F   G
I'll be a lone - ly one if
F   G
You should say we're through.

Verse 3

C   Am
Well, if you want to make__ me cry,
F   G
That won't be so hard__ to do.
C   Am
If you should say goodbye,
F   G
I'll still go on loving you.
C   Am   F   G
Each night I ask the stars up above,
C N.C.
Why must I be a teenager in love?

Bridge 2   *Repeat Bridge 1*

Verse 4   *Repeat Verse 3*

Outro

C   Am   F   G
‖: Why must I be a teen-ager in love? :‖ *Repeat and fade*

That'll Be the Day

Words and Music by Jerry Allison,
Norman Petty and Buddy Holly

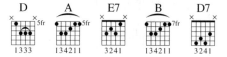

Chorus 1

       D
Well, that'll be the day

When you say goodbye, yes,
A
That'll be the day

When you make me cry-y.
   D
You say you're gonna leave;

You know it's a lie, 'cause
A   **E7**   **A**
That'll be the day when I die.

Verse 1

       D
Well, you give me all your lovin'
      A
And your   turtle dovin',
  D
A all your hugs and kisses and your
A
  Money, too. Well, uh,
D
  Y' know you love me, baby.
A
  Still you tell me maybe
B   **E7**
That someday, well, I'll be blue.

Chorus 2	*Repeat Chorus 1*

Solo

A				
D		A		
E7	D7	A		E7

Chorus 3	*Repeat Chorus 1*

Verse 2

              D
Well, uh, when Cupid shot his dart,
A
   He shot it at your heart.
D
   So if we ever part then
A
   I'll leave you.
D
   You sit and hold me
A
   And you tell me boldly
B   E7
That someday, well, I'll be blue.

Chorus 4	*Repeat Chorus 1*

Outro

      D
Well, that'll be the day.

     A
Oo. That'll be the day.

     D
Oo. That'll be the day.

     A
Oo. That'll be the day.

Travelin' Man

Words and Music by Jerry Fuller

Melody:

I'm a trav-el-lin' man,...

Eb	Cm	Eb7	Ab	Bb7	Gm	F7
1333	13421	13141	134211	131211	134111	131211

Intro

| Eb | Cm | Eb | Cm |

Verse 1

          Eb   Cm
I'm a travelin' man, and I've made a lot o' stops

Eb   Cm
   All over the world.

         Eb   Eb7 Ab
And in every port__ I own the heart

         Eb   Bb7 Eb
Of at least one lovely girl.

Verse 2

         Eb   Cm
I've a pretty señorita waitin' for me

Eb   Cm
   Down in old Mexico.

         Eb   Eb7
And if you're ever in A-laska,

Ab   Eb   Bb7 Eb
Stop and see my cute little Eski - mo.

Bridge 1

                           A♭   Gm
                  Oh, my sweet fräulein down in Berlin town

                  A♭   E♭
                     Makes my heart start to yearn,

                           A♭   Gm
                  And my China doll down in old Hong Kong

                  F7   B♭7
                     Waits for my re-turn.

Verse 3

                           E♭   Cm
                  Pretty Polynesian baby over the sea,

                  E♭   Cm
                     I remember the night

                           E♭   E♭7   A♭
                  When we walked on the sands of Waikiki

                           E♭   B♭7   E♭
                  And I held you, oh, so tight.

Verse 4   *Repeat Verse 1*

Verse 5   *Repeat Verse 2*

Bridge 2   *Repeat Bridge 1*

Verse 6   *Repeat Verse 3*

                  E♭   Cm
Outro   ‖: Oh, I'm a travelin' man. :‖   *Repeat and fade*

ROCK 'n' ROLL   **167**

Tutti Frutti

Words and Music by Little Richard Penniman
and Dorothy La Bostrie

Melody:

A bop bop a loom op a lop bop boom!

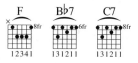

F   Bb7   C7

Intro

N.C.
A bop bop a loom op

A lop bop boom!

Chorus 1

F
Tutti frutti, au rutti,

Tutti frutti, au rutti.

Bb7
Tutti frutti, au rutti,

F
Tutti frutti, au rutti.

C7   **Bb7**
Tutti frutti, au rutti.

F N.C.
A bop bop a loom op

A lop bop boom!

Verse 1	**F** I got a gal, her name's Sue,
	She knows just what to do.
	B♭7 I got a gal, her name's Sue,
	F She knows just what to do.
	N.C. **F N.C.** She's rocked to the east, she's rocked to the west,
	F N.C. But she's the gal I love the best.
Chorus 2	*Repeat Chorus 1*
Verse 2	**F** I got a gal, her name's Daisy,
	She almost drives me crazy.
	B♭7 I got a gal, her name's Daisy,
	F She almost drives me crazy.
	N.C. **F N.C.** She knows how to love me, yes, indeed.
	F N.C Boy, you don't know what you do to me.
Chorus 3	*Repeat Chorus 1*
Solo	*Repeat Chorus 1 (Instrumental)*
Chorus 4	*Repeat Chorus 1*
Verse 3	*Repeat Verse 2*
Chorus 5	*Repeat Chorus 1*

The Twist

Words and Music by Hank Ballard

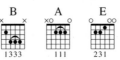

Melody:

Come on, ba - by,...

B   A   E
× ×   ×○ ○ ○ ○○
1 3 3 3   1 1 1   2 3 1

Intro |B |A |E | |

                                          E

Verse 1   Come on, ba - by, let's do the twist.

                                    A   E

Come on, ba - by, let's do the twist.

                                        B   A   E

Take me by my little hand   and go like this.

                                    E

Chorus 1   Ee ah. Twist, babe, baby, twist.

                                    A

Woo. Yeah.

                                    E

Just like this.

                                    B A N.C.   E

Come on, little miss,___   and do the twist.

Verse 2	**E** My daddy is sleep - in' and mama ain't around.

E

My daddy is sleep - in' and mama ain't around.

                A   **E**

Yeah, daddy's just sleep - in' and mama ain't around.

                  B

We're gonna twist, a twist, a twistin',

A N.C.   **E**

Till we tear the house down.

Chorus 2   *Repeat Chorus 1*

Solo   *Repeat Chorus 1 (Instrumental)*

                  E

Verse 3   Yeah, you should see__ my little sis.

            A   **E**

You should see__ my, my little sis.

                B

She really knows how to rock,

A N.C.   **E**

She knows how to twist.

Chorus 3   *Repeat Chorus 1*

Outro   *Repeat Chorus 1 (Instrumental)*

Twist and Shout

Words and Music by
Bert Russell and Phil Medley

Melody:

Well, shake it up ba - by, __ now,...

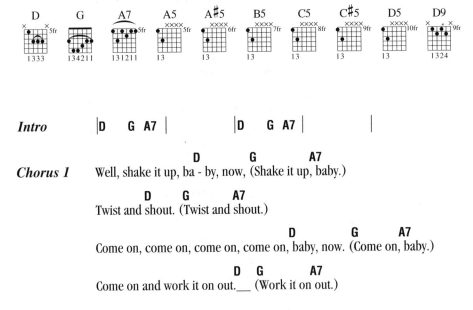

| D | G | A7 | A5 | A#5 | B5 | C5 | C#5 | D5 | D9 |

Intro |D G A7 | |D G A7 | |

Chorus 1

          D   G   A7
Well, shake it up, ba - by, now, (Shake it up, baby.)

          D   G   A7
Twist and shout. (Twist and shout.)

                   D   G   A7
Come on, come on, come on, come on, baby, now. (Come on, baby.)

           D G   A7
Come on and work it on out.__ (Work it on out.)

Verse 1

          D G   A7
Well, work it on out.__ (Work it on out.)

          D   G   A7
You know you look so good. (Look so good.)

           D   G   A7
You know you got me goin' now. (Got me goin'.)

           D   G   A7
Just like I knew you would.__ (Like I knew you would.)

Chorus 2   *Repeat Chorus 1*

Verse 2

                                D G   **A7**
You know you twist, little girl.__ (Twist, little girl.)

                           D   **G**   **A7**
You know you twist so fine. (Twist so fine.)

                                D   **G**   **A7**
Come on and twist a little closer now. (Twist a little closer.)

                               D   **G**   **A7**
And let me know that you're mine. (Let me know you're mine.)

Interlude   **‖:D   G A7 | G A7:‖**   *Play 4 times*

                  Ah, ah, ah, ah. Wow!

Chorus 3   *Repeat Chorus 1*

Verse 3   *Repeat Verse 2*

Outro

                              D   **G**   **A7**
Well, shake it, shake it, shake it, baby, now. (Shake it up, baby.)

                              D   **G**   **A7**
Well, shake it, shake it, shake it, baby, now. (Shake it up, baby.)

                              D   **G**   **A7**
Well, shake it, shake it, shake it, baby, now. (Shake it up, baby.)

                  A5 A♯5 B5 C5 C♯5 D5   D9
Ah, ah, ah, ah.

Under the Boardwalk

Words and Music by
Artie Resnick and Kenny Young

Melody:

Oh, when the sun beats down _ and burns the...

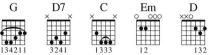

G	D7	C	Em	D
134211	3241	1333	12	132

Verse 1

         G
Oh, when the sun beats down

               D7
And burns the tar upon the roof,

And your shoes get so hot

                   G
You wish your tired feet were fire - proof.

Chorus 1

           C
Under the board - walk,

        G
Down by the sea,___ yeah,

                D7   **G**
On a blanket with my baby's__ where I'll__ be.

        Em
(Under the boardwalk.) Out of the sun,

        D
(Under the boardwalk.) We'll be havin' some fun.

        Em
(Under the boardwalk.) People walkin' above.

        D
(Under the boardwalk.) We'll be fallin' in love

        Em   **N.C.** **Em**   **N.C.**
Under the boardwalk,   boardwalk.

Verse 2

              G
From the park you hear

                                 D7
The happy sound of a carousel.

You can almost taste the hot dogs

                  G
And French fries they__ sell.

Chorus 2   *Repeat Chorus 1*

Solo   *Repeat Verse 1 (Instrumental)*

Chorus 3   *Repeat Chorus 1*

Why Do Fools Fall in Love

Words and Music by
Morris Levy and Frankie Lymon

F   Dm7   Gm7   C7   B♭   B♭m   F7   G7

Intro

| F | Dm7 Gm7 C7 |
Oo - wah, oo - wah,

| F | Dm7 Gm7 C7 |
Oo - wah, oo - wah,

| F | Dm7 Gm7 C7 |
Oo - wah, oo - wah,

F N.C.
Why do fools fall in love?

Verse 1

| F | Dm7 Gm7 C7 | F |
Why do birds sing____ so gay

    Gm7   C7   F   Dm7
And lovers a-wait the break of day?

Gm7   C7   F   Dm7 Gm7 C7
Why do they fall in love?

F   Dm7   Gm7   C7   F   Dm7
Why_____does the rain fall from up a-bove?

Gm7   C7   F   Dm7
Why do fools fall in love?

Gm7   C7   F
Why do they fall in love?

Bridge 1

B♭   **B♭m**
Love is a losing game;

F   **F7**
Love can be a shame.

B♭   **B♭m**
I know of a fool, you see,

G7   **C7**
For that fool is me.

Verse 2

          F   **Dm7** **Gm7** **C7**
Tell me why.

|**F**   **Dm7** |**Gm7** **C7** |

|**F**   **Dm7** |**Gm7** |

C7   **F** **Dm7** **Gm7** **C7**
   Tell me why.

Verse 3   *Repeat Verse 1*

Bridge 2

B♭   **B♭m**   **F**   **F7**
Why does my heart   skip a crazy beat?

B♭ **B♭m** **G7** **C7**
For I know   it will reach defeat.

Verse 4   *Repeat Verse 2*

Outro

B♭   **C7**
Why do fools

        F **Dm7** **Gm7** **C7** **F**
Fall in love?

Willie and the Hand Jive

Words and Music by Johnny Otis

Melody:

I know a cat named Way-Out Wil-lie.

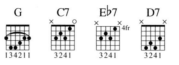

Intro

| G | | | C7 | | |

Verse 1

G
I know a cat named Way-Out Willie.

        C7   **G**
He got a cool little chick named Rockin' Millie.

        C7
He can walk and stroll and Susie Q.

     G
And do that crazy Hand Jive, too.

Chorus 1

       C7
Hand Jive,

     G
Hand Jive.

Eb7 **D7**
Hand Jive,

C7   **G**
Doin' that crazy Hand Jive.

Verse 2

G
Papa told Willie, "You'll ruin my home.

C7   **G**
You and that Hand Jive has got to go.

C7
Willie said, "Papa, don't put me down.

      G
They're doin' the Hand Jive all over town."

Chorus 2	*Repeat Chorus 1*

Verse 3

G
Mama, mama, look at Uncle Joe.

    C7   G
He's doing the Hand Jive with sister Flo.

C7
Grandma gave baby sister a dime,

    G
Said, "Do that Hand Jive one more time."

Chorus 3   *Repeat Chorus 1*

Verse 4

G
Doctor and a lawyer and an Indian chief,

    C7   G
Now they all dig that crazy beat.

C7
Way-Out Willie gave them all a treat

       G
When he did that Hand Jive with his feet.

Chorus 4   *Repeat Chorus 1*

Verse 5

     G
Now, Willie and Millie got married last fall.

       C7   G
They had a little Willie junior and that ain't all.

       C7
Well, the baby got famous in his crib, you see,

G
Doin, the Hand Jive on TV.

Chorus 5   *Repeat Chorus 1*

Yakety Yak

Words and Music by
Jerry Leiber and Mike Stoller

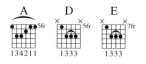

Verse 1

                      A
Take out the papers and the trash,

                      D
Or you don't get no spending cash.

                      E
If you don't scrub that kitchen floor,

N.C.   **A**
You ain't gonna rock 'n' roll no more.

        N.C.
Yakety yak! Don't talk back.

Verse 2

                      A
Just finish cleaning up your room.

                      D
Let's see that dust fly with that broom.

                  E
Get all that garbage out of sight

N.C.   **A**
Or you don't go out Friday night.

        N.C.
Yakety yak! Don't talk back.

Verse 3

                   A
You just put on your coat and hat

                 D
And walk yourself to the laundro-mat.

            E
And when you finish doing that,

N.C.   **A**
Bring in the dog and put out the cat.

       N.C.
Yakety yak! Don't talk back.

Solo 1

A				
D				
E				
A **N.C.**				

Solo 2

Repeat Solo 1

Verse 4

   N.C.   **A**
Don't you give me no dirty looks.

               D
Your father's hip; he knows what cooks.

                 E
Just tell your hoodlum friends out-side,

N.C.   **A**
You ain't got time to take a ride.

       N.C.
Yakety yak! Don't talk back.

Outro

           A
‖: Yakety yak, yakety yak! :‖ *Repeat and fade*

Young Love

Words and Music by Rick Cartey

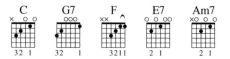

Intro | C | G7 | F | G7 |

Verse 1

C
They say for ev'ry boy and girl

E7
There's just one love in this old world,

F   G7   C Am7 F G7
And I know I've found mine.

C
The heavenly touch of your embrace

E7
Tells me no one can take your place

F G7   C Am7 F G7
Ev - er in my heart.

	C **G7**
Chorus 1	Young love, first love,

     F   **G7**   **C** **Am7** **F** **G7**
Filled with true de-votion.

      C   **G7**
Young love, our love

      F   **G7**   **C** **Am7** **F** **G7**
We share with deep e-motion.

     C

Verse 2   Just one kiss from your sweet lips

      E7
Will tell me that your love is real,

     F **G7**   **C** **Am7** **F** **G7**
And I can feel that it's true.

     C
We will vow to one another

     E7
There will never be another

     F   **G7**   **C** **Am7** **F** **G7**
Love for you or for me.

Chorus 2   *Repeat Chorus 1 till fade*

Stay

Words and Music by Maurice Williams

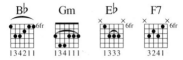

B♭	Gm	E♭	F7
134211	134111	1333	3241

Verse

B♭ Gm
Dance

E♭ F7 B♭ Gm E♭ F7
Just a little bit longer.

B♭ Gm
Please, please, please,

E♭ F7   B♭ Gm E♭ F7
Please tell__ me that you're goin' to.

   B♭   Gm E♭ F7
Now, your daddy don't mind

   B♭   Gm E♭ F7
And your mommy don't mind.

   B♭   Gm
Could we have another dance,

  E♭ F7
Dear,__ just a one more,

Gm
One more time?

N.C.   B♭ Gm
Oh, won't you stay

E♭ F7 B♭ Gm
Just a little bit longer?

E♭ F7 B♭ Gm
Please let me dance.

E♭ F7   B♭
Please say that you will.